PSYCHODYNAMIK **Kompakt**

Herausgegeben von
Franz Resch und Inge Seiffge-Krenke

Antje Gumz

Kompetent mit Spannungen und Krisen in der therapeutischen Beziehung umgehen

Techniken und didaktische Konzepte

Mit 2 Abbildungen

Vandenhoeck & Ruprecht

Bibliografische Information der Deutschen Nationalbibliothek:
Die Deutsche Nationalbibliothek verzeichnet diese Publikation in der
Deutschen Nationalbibliografie; detaillierte bibliografische Daten sind
im Internet über https://dnb.de abrufbar.

© 2020, Vandenhoeck & Ruprecht GmbH & Co. KG,
Theaterstraße 13, D-37073 Göttingen
Alle Rechte vorbehalten. Das Werk und seine Teile sind urheberrechtlich
geschützt. Jede Verwertung in anderen als den gesetzlich zugelassenen Fällen
bedarf der vorherigen schriftlichen Einwilligung des Verlages.

Umschlagabbildung: Paul Klee, Abstraktes Ballett, 1937/akg-images

Satz: SchwabScantechnik, Göttingen
Druck und Bindung: ⊕ Hubert & Co. BuchPartner, Göttingen
Printed in the EU

Vandenhoeck & Ruprecht Verlage | www.vandenhoeck-ruprecht-verlage.com

ISSN 2566-6401
ISBN 978-3-525-45917-1

Inhalt

Vorwort zur Reihe 7

Vorwort zum Band 9

1 Vorbemerkung 11

2 Die therapeutische Beziehung – Theorien und Befunde 14
   2.1 Übertragung, Gegenübertragung, projektive Identifizierung 14
   2.2 Szenisches Verstehen 19
   2.3 Repetitive Beziehungsmuster – warum wird übertragen? 21
   2.4 Therapeutische Allianz und Realbeziehung 26
   2.5 Spannungen und Krisen in der Therapiebeziehung (Alliance Ruptures) 29
   2.6 Quantitative und qualitative Forschungen zur Therapiebeziehung 33
   2.7 Fazit 40

3 Techniken für den Umgang mit Spannungen und Krisen in der Therapiebeziehung 44
   3.1 Eine gute Basis schaffen 44
   3.2 Eine achtsame Beobachterposition einnehmen 45
   3.3 Eine Spannung oder Krise wahrnehmen 47
   3.4 In die Metakommunikation einsteigen 49
   3.5 Generelle Haltungen und Techniken 51
   3.6 Was ist eine gute Übertragungsdeutung? 55

4 Didaktische Konzepte 57
4.1 Interpersonelle Fähigkeiten von Psychotherapeuten ... 57
4.2 Zeitgemäße Lehrformate 59

5 Fallbeispiele 64
5.1 Herr Kranz: »Da haben Sie ganz recht, Frau Doktor!«
Eine von übergroßem Respekt gekennzeichnete
Übertragungsbeziehung 64
5.2 Frau Aron: »Wenn ich Sie anstecke, bin ich doch
schuld.« Das Thematisieren der Ausfallhonorarregelung
als Trigger für eine negative Mutterübertragung 68

Literatur 75

Vorwort zur Reihe

Zielsetzung von PSYCHODYNAMIK KOMPAKT ist es, alle psychotherapeutisch Interessierten, die in verschiedenen Settings mit unterschiedlichen Klientengruppen arbeiten, zu aktuellen und wichtigen Fragestellungen anzusprechen. Die Reihe soll Diskussionsgrundlagen liefern, den Forschungsstand aufarbeiten, Therapieerfahrungen vermitteln und neue Konzepte vorstellen: theoretisch fundiert, kurz, bündig und praxistauglich.

Die Psychoanalyse hat nicht nur historisch beeindruckende Modellvorstellungen für das Verständnis und die psychotherapeutische Behandlung von Patienten und Patientinnen hervorgebracht. In den letzten Jahren sind neue Entwicklungen hinzugekommen, die klassische Konzepte erweitern, ergänzen und für den therapeutischen Alltag fruchtbar machen. Psychodynamisch denken und handeln ist mehr und mehr in verschiedensten Berufsfeldern gefordert, nicht nur in den klassischen psychotherapeutischen Angeboten. Mit einer schlanken Handreichung von 70 bis 80 Seiten je Band kann sich die Leserin, der Leser schnell und kompetent zu den unterschiedlichen Themen auf den Stand bringen.

Themenschwerpunkte sind unter anderem:
- *Kernbegriffe und Konzepte* wie zum Beispiel therapeutische Haltung und therapeutische Beziehung, Widerstand und Abwehr, Interventionsformen, Arbeitsbündnis, Übertragung und Gegenübertragung, Trauma, Mitgefühl und Achtsamkeit, Autonomie und Selbstbestimmung, Bindung.
- *Neuere und integrative Konzepte und Behandlungsansätze* wie zum Beispiel Übertragungsfokussierte Psychotherapie, Schematherapie,

Mentalisierungsbasierte Therapie, Traumatherapie, internetbasierte Therapie, Psychotherapie und Pharmakotherapie, Verhaltenstherapie und psychodynamische Ansätze.
- *Störungsbezogene Behandlungsansätze* wie zum Beispiel Dissoziation und Traumatisierung, Persönlichkeitsstörungen, Essstörungen, Borderline-Störungen bei Männern, autistische Störungen, ADHS bei Frauen.
- *Lösungen für Problemsituationen in Behandlungen* wie zum Beispiel bei Beginn und Ende der Therapie, suizidalen Gefährdungen, Schweigen, Verweigern, Agieren, Therapieabbrüchen; Kunst als therapeutisches Medium, Symbolisierung und Kreativität, Umgang mit Grenzen.
- *Arbeitsfelder jenseits klassischer Settings* wie zum Beispiel Supervision, psychodynamische Beratung, Soziale Arbeit, Arbeit mit Geflüchteten und Migranten, Psychotherapie im Alter, die Arbeit mit Angehörigen, Eltern, Familien, Gruppen, Eltern-Säuglings-Kleinkind-Psychotherapie.
- *Berufsbild, Effektivität, Evaluation* wie zum Beispiel zentrale Wirkprinzipien psychodynamischer Therapie, psychotherapeutische Identität, Psychotherapieforschung.

Alle Themen werden von ausgewiesenen Expertinnen und Experten bearbeitet. Die Bände enthalten Fallbeispiele und konkrete Umsetzungen für psychodynamisches Arbeiten. Ziel ist es, auch jenseits des therapeutischen Schulendenkens psychodynamische Konzepte verstehbar zu machen, deren Wirkprinzipien und Praxisfelder aufzuzeigen und damit für alle Therapeutinnen und Therapeuten eine gemeinsame Verständnisgrundlage zu schaffen, die den Dialog befördern kann.

Franz Resch und Inge Seiffge-Krenke

Vorwort zum Band

Spannungen und Krisen in der therapeutischen Beziehung stellen im Therapieprozess eine besondere Herausforderung dar. Sie können nen Anlass zur Vertiefung positiver emotionaler Erfahrungen sein, wenn sie Klärungen und Lösungen erlauben, sie können aber auch zu Therapieabbrüchen und emotionalen Verhärtungen führen. Die therapeutische Beziehung stellt in der psychodynamischen Therapie ein »kuratives Mittel« dar – ein fundamentales Agens und Movens. Die Arbeit an repetitiven Beziehungsmustern – den Übertragungs-Gegenübertragungs-Konstellationen – baut auf einer Reihe von Erklärungsmodellen auf, die schließlich ein szenisches Verstehen erlauben. Die Autorin gibt einen weiten Überblick über die wichtigsten Modelle, die spezifische interpersonelle Inszenierungen verständlich machen. Auch der realen therapeutischen Beziehung wird eine bedeutsame Rolle zugewiesen. Kritische Situationen im Therapieprozess mit abrupten Verschlechterungen der therapeutischen Allianz (»Alliance Ruptures«) können durchaus Ausgangspunkte von Veränderungen im positiven Sinne darstellen. Ausgehend von dem vierphasigen Modell zur Auflösung solcher Erschütterungen der Beziehung nach Safran und Muran entstand nicht nur ein Therapieverfahren, sondern auch ein Trainingsverfahren für Therapeutinnen und Therapeuten zur Fokussierung der Alliance Ruptures. Für die Wirksamkeit der therapeutischen Beziehung und ihrer Belastbarkeit durch kurzfristige Verschlechterungen angesichts aktualisierter negativer Beziehungsmuster sprechen vielfache quantitative und qualitative Forschungsergebnisse. Es gibt unterschiedliche Perspektiven auf die therapeutische Beziehung, aber nur eine haltgebende, sichere

Basis, einen sicheren Beziehungsort, an dem schwierige Beziehungsmuster durchlebt werden können und ein Beziehungsneuanfang ermöglicht wird.

Die Autorin gibt aus reicher klinischer Erfahrung technische Hinweise, wie die therapeutische Beziehung achtsam gestaltet werden kann. Spannungen und Krisen müssen wahrgenommen werden, kritische Momente lassen sich nicht durch spezifische Interventionen, sondern nur durch klare und authentische Haltungen meistern. Das Thematisieren der gemeinsam erlebten Beziehung kann eine korrektive zwischenmenschliche Erfahrung vermitteln. Die Betonung liegt dabei auf dem Hier und Jetzt und nicht auf dem Verweis auf vergangene, möglicherweise missglückte Beziehungen.

Ein Kapitel bezieht sich auf die Frage, wie interpersonelle Fähigkeiten den Therapiekandidaten und -kandidatinnen vermittelt werden können. Hilfreiche Präsenz kann erlernt und verbessert werden. Dazu gibt es zeitgemäße Lehrformate unter Einbeziehung von Videotechnik und Supervision. Eindrückliche Fallbeispiele beschließen das Buch, in dem es der Autorin erfolgreich gelingt, klassisches psychodynamisches Wissen mit modernen Konzepten sowie innovativen Forschungs- und Lehrmethoden zu verbinden.

Inge Seiffge-Krenke und Franz Resch

1 Vorbemerkung

Spannungen oder mehr oder weniger ausgeprägte Krisen in der therapeutischen Beziehung ereignen sich häufig und zwangsläufig. Sie sind Momente besonderer Herausforderung, in denen Therapeutinnen und Therapeuten emotional besonders involviert sind. Ihre Auflösung kann eine korrektive emotionale Erfahrung ermöglichen. Sie bergen aber auch ein hohes Risiko für vorzeitige Therapieabbrüche und schlechte Therapieergebnisse.

Bevor Sie mit dem Lesen des Buches beginnen, möchte ich Sie einladen, sich eine kleinere Spannung oder größere Krise, die Sie selbst in einer Therapiesituation erlebt haben, vor Augen zu führen. Wenn Sie mögen, wählen Sie eine für Sie besonders herausfordernde oder emotional belastende Situation mit einer Patientin oder einem Patienten aus, die Ihnen spontan in den Sinn kommt. Wie fühlten Sie sich in dieser Situation? Gab es einen oder mehrere Auslöser, an die Sie sich erinnern? Was war Ihr Beitrag an der Entstehung der Spannung oder Krise? Wie sind Sie damit umgegangen? Mit welchen Haltungen und Techniken haben Sie gearbeitet? Welche theoretischen Perspektiven haben Sie dabei begleitet, worauf konnten Sie zurückgreifen? Mündete die Situation in eine Sackgasse oder einen Therapieabbruch oder war die Krise eher nützlich für den Therapiefortschritt?

In den folgenden Kapiteln skizziere ich Konzepte, die sich aus unterschiedlichen Perspektiven auf die therapeutische Beziehung und auf das Entstehen und die Auflösung von Spannungen und Krisen in der therapeutischen Beziehung beziehen. Ich beschreibe viele parallel verwendete Begrifflichkeiten unseres Fachs, ausgehend von Freuds Begriff der Übertragung (1912/2000) bis hin zum Begriff der Alliance

Ruptures von Safran und Muran (1996), welcher seit zwei Jahrzehnten therapiemethodenunabhängig zunehmend verwendet wird. Ich versuche, die Begrifflichkeiten ein wenig zu vergleichen und zu ordnen und gebe einen Überblick über ausgewählte Forschungsbefunde. Im dritten Kapitel beschreibe ich Techniken, die für den Umgang mit Spannungen und Krisen in der Therapiebeziehung hilfreich sein können. Schließlich gehe ich im vierten Kapitel auf moderne didaktische Konzepte ein, besonders auf die Arbeit mit Videoaufzeichnungen und Rollenspielen. Ich beschreibe eine Methode, interpersonelle Fähigkeiten von Therapeuten zu messen, sowie eine Trainingsmethode für den Umgang mit Spannungen und Krisen in der Therapiebeziehung, das allianzfokussierte Training. Im fünften Kapitel veranschauliche ich die Inhalte anhand von zwei Fallbeispielen. Vielleicht können Sie Ihr eigenes Fallbeispiel dazu nutzen, das Gelesene mit Ihren eigenen Erfahrungen abzugleichen und um Ihre Ideen zur ergänzen.

Für angehende und auch erfahrenere Psychotherapeuten ist es unerlässlich, Fähigkeiten zu üben und auszubauen, die zu einem gelingenden Umgang mit Krisen in der Therapiebeziehung beitragen. Mich begleitet das Thema »Spannungen und Krisen in der Therapiebeziehung« nicht nur seit Beginn meiner Ausbildung als Therapeutin, sondern seit vielen Jahren auch als psychodynamische Psychotherapieforscherin und in der Lehre und Supervision.

Die Arbeit mit der Übertragung und Gegenübertragung ist das Herzstück der psychodynamischen Therapiemethoden. Unter dem Begriff »psychodynamische Psychotherapie« fasse ich, Hofmanns (2000) Vorschlag folgend, alle therapeutischen Vorgehensweisen zusammen, die sich aus psychoanalytischen Wurzeln entwickelt haben, wie die analytische und die tiefenpsychologisch fundierte Psychotherapie und deren methodische Varianten. Ein Großteil meiner Forschungen und damit nachfolgender Gedanken stammt aus meiner praktischen Arbeit, und hier speziell auch aus der Arbeit mit Videoaufzeichnungen. Ich habe die Arbeit mit Videoaufnahmen von Therapiesitzungen zur Schulung der diagnostischen und therapeutischen Fähigkeiten im Umgang mit der Übertragung und Gegenübertragung kennen- und sehr schätzen gelernt. Ich komme darauf im vierten Kapitel zurück. Ich hoffe, dass Ihnen das Büchlein Anregung für Ihre Arbeit geben kann, und wünsche Ihnen viel Freude beim Lesen.

2 Die therapeutische Beziehung – Theorien und Befunde

Seelische Heilung ist nur über Bezogenheit möglich, also darüber, dass wir in Beziehung treten. In allen Therapiemethoden gilt eine gute therapeutische Beziehung als notwendige Basis für eine effektive Arbeit. In der Frage jedoch, was genau eine gute therapeutische Beziehung ist und wie diese hergestellt werden kann, gibt es keinen wissenschaftlichen und klinischen Konsens. Die Begriffsdefinitionen und so auch die Operationalisierungen sind uneinheitlich. Der entscheidende Unterschied der therapeutischen Verfahren liegt in der Antwort auf die Frage, ob die therapeutische Beziehung primär als eine stabile Größe aufgefasst wird, die die Basis der therapeutischen Arbeit bildet, oder aber als veränderliche Größe, die Inhalt der therapeutischen Arbeit ist. In den psychodynamischen Verfahren und in der Gesprächspsychotherapie ist die therapeutische Beziehung seit jeher ein wesentliches Agens, also ein kuratives Mittel.

In den folgenden Abschnitten skizziere ich einige theoretische Perspektiven, auf die ich beim praktischen Umgang mit Spannungen und Krisen in der Therapiebeziehung und auch in der Lehre sehr gern zurückgreife.

2.1 Übertragung, Gegenübertragung, projektive Identifizierung

Für psychodynamische Verfahren ist die Arbeit an Übertragungs-Gegenübertragungs-Konstellationen spezifisch. Die Begriffe »Übertragung« und »Gegenübertragung« stehen dafür, dass die therapeutische Beziehung zum Inhalt der therapeutischen Arbeit wird. Übertragung meint, dass Wünsche, Befürchtungen, Affekte, Denk- und Verhaltensmuster, die durch Erfahrungen mit wichtigen Bezugspersonen der Kindheit entwickelt wurden und ursprünglich den früheren Bezugspersonen galten, in gegenwärtigen Beziehungen – und so auch in der therapeutischen Beziehung – aktualisiert werden (Freud, 1912/2000). In der Übertragungsbeziehung werden sie damit direkt erlebbar und können bearbeitet werden.

Moderne Übertragungskonzepte gehen davon aus, dass sich die Vergangenheit des Patienten nicht unabhängig vom Therapeuten aktualisiert, sondern dass wir als Therapeutinnen und Therapeuten in das aktuelle Beziehungsgeschehen – und so auch in schwierige Beziehungsmuster – unmittelbar involviert und verstrickt werden. Wir werden also – unwillkürlich und zwangsläufig – Teil eines für die jeweilige Dyade spezifischen Beziehungsmusters (Gumz, Villmann, Bergmann u. Geyer, 2008).

Mit Gegenübertragung meinen die meisten Therapeuten heute die emotionale Antwort des Therapeuten auf die Übertragung des Patienten. Gegenübertragung zeigt sich in Stimmungen, Fantasien, Mimik, Handlungen und anderen Phänomenen, entweder analog zum Inhalt der Übertragung oder als Gegenübertragungswiderstand zur Abwehr der Wahrnehmung von Übertragung oder Gegenübertragung. Man kann zwischen komplementärer (Identifikation mit den Objekten des Patienten) und konkordanter (Identifikation mit Selbstanteilen des Patienten) Gegenübertragung unterscheiden (Racker, 1959; siehe Fallbeispiele, Abschnitte 5.1, 5.2).

Diese Definition der Gegenübertragung existierte in der Vergangenheit noch nicht (Körner, 2018). Etwa bis 1945 versuchten die Analytiker und Analytikerinnen jener Zeit, ihre Gegenübertragung zu kontrollieren. Die Gegenübertragung galt als Übertragungsreaktion des Analytikers, als neurotische Reaktionsbereitschaft und damit als Störvariable, die tunlichst aus der therapeutischen Beziehung fernzuhalten sei. Für diese Übertragungsreaktionen der Therapeuten – also für all das, was Therapeuten unweigerlich als Wiederholung ihrer früheren Beziehungserfahrungen und aktuellen Lebenslage in die therapeutische Beziehung einbringen – wird heute häufig der Begriff »Eigenübertragung« verwendet (Bettighofer, 2020).

Heimann (1950) betonte als Erste die Einheit von Übertragung und Gegenübertragung und die daraus resultierende Bedeutung der Gegenübertragung als diagnostisches Instrument für die unbewussten Prozesse der Patienten. Sie stellte fest, dass es sich um eine unbewusste Kommunikation zwischen Patient und Therapeut handele. Sie bezeichnete die Gegenübertragung als eine »Schöpfung des Patienten« im Therapeuten, aus der Rückschlüsse auf die Übertragung möglich seien. Je stärker sich der Therapeut der Gegenübertragung öffne, desto besser gelinge es ihm, die Übertragung des Patienten zu verstehen. Heimann wandte damit das Konzept der projektiven Identifikation (Klein, 1946) auf den psychotherapeutischen Prozess an. Auch Ogden (1979) beschrieb den interaktionellen Anteil der therapeutischen Beziehung so, dass der Patient den Therapeuten dazu bringt, die Beziehung so zu erleben und sich so zu verhalten wie das übertragene Objekt oder wie ein Selbstanteil des Patienten. Dieses Gegenübertragungskonzept wurde einige Jahrzehnte später zunehmend kritisch gesehen, da auch in dieser Vorstellung der Beitrag des Therapeuten zur Gestaltung der therapeutischen Beziehung noch zu wenig beachtet wird.

Kohut (1981) formulierte das Übertragungskonzept im Kontext der Selbstpsychologie neu, ausgehend von dem Gedanken, dass Menschen nur über das Erleben von Nicht-getrennt-Sein und Verbundenheit ein kohärentes Selbsterleben entwickeln können. Er beschrieb, dass Gegenübertragungsgefühle besonders dafür genutzt werden sollten, um empathisch reagieren zu können, das Gefühl von Einssein zu vermitteln und hierüber das Selbsterleben des Patienten zu stärken und zu vertiefen (Selbstobjektübertragung). Darüber, dass sich der Therapeut, die Therapeutin als spiegelndes oder idealisiertes Selbstobjekt zur Verfügung stellt, sollen traumatische Vorerfahrungen überwunden werden.

In den modernen intersubjektiven bzw. interaktionellen Gegenübertragungskonzepten ist der Therapeut kein distanzierter Beobachter mehr, sondern ein involvierter, teilnehmender Beobachter, der mitagiert und Impulse gibt. Man geht heute davon aus, dass das, was Therapeutinnen und Therapeuten sagen, nicht sagen oder tun, immer von der eigenen Subjektivität geprägt ist. Dies lässt nicht nur beim Patienten, sondern auch beim Therapeuten neurotische Strukturen und Selbstschutzmechanismen sichtbar werden (Bettighofer, 2020).

Ein dem Gegenübertragungskonzept nah verwandtes und sich überlappendes Konzept ist das der projektiven Identifizierung. Mit projektiver Identifizierung beschrieb Klein (1946) einen unbewussten Vorgang, bei dem innere Spannungen und Gefühle oder Körperempfindungen, die sich noch nicht in Worte fassen lassen, in den Anderen hineinverlagert werden. Das Selbst will sich de-identifizieren von dem, was projiziert wird (Sandler, 1988). Teile des Selbst oder der inneren Objekte (Gefühle, Gedanken, Werte) werden abgespalten und so projiziert, dass die andere Person den projizierten Inhalten zugehörige Verhaltensweisen zeigt. Dieser Mechanismus lässt sich als entwicklungspsychologisch frühe und wichtige Form der nonverbalen Kommunikation auffassen (Bion, 1959). Auf die beschriebene Weise gelingt es Säuglingen, ihre Bezugspersonen auf innere Zustände, etwa Angst, körperliches Unwohlsein oder Übererregung, aufmerksam zu machen. Bion (1992) sprach hier von der Funktion eines Containers, der die unverdauten Gefühlszustände aufnimmt. Es gelingt so, nachzuempfinden, was der Andere fühlt (Konzept des Containments). Kommt es in diesen frühen Entwicklungsphasen zu Defiziten wie fehlender haltgebender Einfühlung, Zuwendung, Resonanz und Abstimmung zwischen Säugling und Bezugsperson, kann sich die Fähigkeit nicht ausreichend entwickeln, belastende Gefühle, Stimmungen und Spannungen auszuhalten und zu verdauen. Es entsteht eine eingeschränkte Frustrationstoleranz.

Projektive Identifizierungen bieten Therapeuten einen unmittelbaren Zugang zum Verstehen der inneren Welt der Patientinnen und Patienten und deren Beziehung zu früheren wichtigen Bezugspersonen. Liegt eine projektive Identifizierung vor, hat der Patient seine Anteile oder unerträglichen Gefühle in den Therapeuten gelegt und hat selbst keine Verbindung mehr dazu. Er kann sie aber im Therapeuten kontrollieren. Aus dem unmittelbaren Erleben heraus, wie der Patient sich fühlt oder wie er sich als Kind häufig gefühlt hat, kann der Therapeut oder die Therapeutin eine Idee entwickeln, welche Art von Beziehungsrepräsentanz der Patient durch seine Interaktionserfahrungen mit früheren Objekten verinnerlicht hat.

Wenn der Therapeut erkennt, dass es Anteile des Patienten sind, die er in sich spürt, und wenn er eine Idee entwickelt, um welche Interaktionserfahrung es gehen könnte, kann er dem Patienten, der Patientin diese Gefühle und das Erleben zurückgeben (siehe Fallbeispiel, Abschnitt 5.2).

Rosenfeld (1983) unterschied zwischen projektiver Identifizierung als Mittel zur Kommunikation und projektiver Identifizierung als Mittel, um unerwünschte Teile des Selbst loszuwerden. Ist es ein Mittel zur Kommunikation, wird es sich als hilfreich erweisen, wenn der Therapeut etwas versteht, was der Patient nicht in Worte fassen kann. Geht es primär darum, unerwünschte Teile des Selbst loszuwerden, um zum Beispiel den Anderen zu kontrollieren oder um das Getrenntsein nicht wahrnehmen zu müssen, ist es möglicherweise schwieriger, die abgespaltenen Anteile zu thematisieren, weil der Patient das Gefühl bekommt, man wolle etwas Unerwünschtes in ihn zurückbefördern (Feldman, 2017).

Weiß (2017) beschreibt den Umgang mit der projektiven Identifizierung als sechsphasigen Prozess mit jeweils eigenen potenziellen Blockaden. In der ersten Phase wird die projektive Identifizierung dem Therapeuten zunächst angeheftet. Sie dringt in der zweiten Phase unter bestimmten Voraussetzungen in den Therapeuten ein und verbindet sich dort in der dritten Phase mit einem inneren Objekt des Therapeuten, mit dem der Therapeut die vom Patienten abgespaltenen Teile vergleicht und sie hierüber transformiert (Phase 4). Anschließend deutet und reprojiziert er sie (Phase 5), sodass der Patient sie im gelingenden Fall wieder in sich aufnehmen kann (Reintrojektion, Phase 6). Der Patient erfährt auf diese Weise, dass der Therapeut seine Gefühle nachempfinden, verdauen und verstehen kann (Containment). Er kann sich hierüber selbst besser verstehen und die eigenen Gefühle und Selbstanteile besser integrieren und kontrollieren.

Eine Gefahr des Konzepts liegt darin, dass Therapeuten in der therapeutischen Beziehung entstehende Schwierigkeiten primär der projektiven Identifizierung zuschreiben und dem Patienten anlasten könnten (Feldman, 2017). Das Konzept sollte also nicht dazu dienen, sich dahinter zu verstecken und Faktoren, die auch in der Verantwortung des Therapeuten oder der Therapeutin liegen, zu vernachlässigen.

2.2 Szenisches Verstehen

Argelander (2014) beschreibt, dass im Erstinterview drei Formen von Informationen erhoben werden sollten. Dazu gehören zunächst die objektiven Daten, wie biografische Fakten (z. B. Beruf der Eltern) oder bestimmte Verhaltensweisen. Außerdem werden subjektive Daten erhoben: Wie bewertet der Patient die geschilderten Beziehungen oder Ereignisse? Der dritte wesentliche Informationsstrang für den Therapeuten sind die szenischen Daten. Was ist damit gemeint?

Lebensgeschichtlich bedeutsame Beziehungserfahrungen prägen, auf welche Weise aktuelle Beziehungen erlebt und gestaltet werden. Dies schlägt sich emotional, kognitiv und auch auf der Verhaltensebene nieder. Es entwickeln sich Szenen zwischen Patient und Therapeut, die von der intrapsychischen Welt beider geprägt sind. Diese Szenen bieten einen unmittelbaren Zugang zum Verstehen der lebensgeschichtlich verankerten Beziehungserfahrungen, die sich in der Gegenwart wiederholen (Crits-Christoph, 1998). Mit dem Begriff »szenisches Verstehen« (Argelander, 2014; Lorenzer, 1983; Storck, 2018) ist gemeint, dass der Therapeut diese Szenen entschlüsselt und mit ihnen therapeutisch arbeitet. Er erschließt also ihre Bedeutung und verknüpft die gegenwärtige Szene mit den dazugehörigen alten Szenen. Das szenische Verstehen ist besonders bedeutsam für all jene Erfahrungen mit Bezugspersonen in der Kindheit, die entwicklungspsychologisch aus dem vorsprachlichen Bereich stammen, also aus den ersten beiden Lebensjahren vor dem Erwerb der Symbolisierungsfähigkeit.

Um eine Szene zu verstehen, sollten Therapeutinnen und Therapeuten immer drei Dinge im Blick haben: a) Was hat die Szene mit den vom Patienten berichteten objektiven Angaben zu tun? b) Wie passt die Szene zu dem vom Patienten berichteten affektiven Erleben? c) Wie bin ich als Therapeutin involviert in die Szene, welche Rolle spiele ich darin? Wenn Therapeuten auf diese Weise über das Beziehungsgeschehen reflektieren, kann es sukzessive gelingen, die gegenwärtige Szene zu verstehen und mit dazugehörigen alten Szenen zu verknüpfen. Solche szenischen Informationen können sich bereits vor Beginn der Therapiesitzung oder vor dem Erstinterview zeigen. Es kommt im Vorfeld zu vielen kleinen Szenen, die auf das Problem des Patienten hinweisen können. Hält er den Termin ein? Wie ruft er an? Was passiert im Eingangsbereich? Wer hält wem die Tür auf? (Voos, 2017). Hierfür prägte Argelander (2014) den Begriff »Vorfeldphänomene«. Das Konzept des szenischen Verstehens bietet also Anleitung, wie die Gegenübertragung des Therapeuten mit weiteren Informationssträngen verknüpft werden kann und wie hierüber ein Verstehen des Patienten und dessen Beziehung zu wichtigen frühen Bezugspersonen möglich wird (siehe Fallbeispiel, Abschnitt 5.2).

Auch hier gibt es wieder starke Überlappungen mit verwandten Konzepten. Beispiele sind die von Sandler (1976) geforderte »Bereitschaft zur Rollenübernahme« des Therapeuten oder das Konzept des Handlungsdialogs (Klüwer, 1983), der Enactments (Jacobs, 1986) oder der Modellszenen (Lichtenberg, 2007). Jacobs (1986) und andere relationale Psychoanalytiker betonen, dass es sich um eine Verwicklung zwischen beiden Beteiligten handelt, dass also die Persönlichkeit, die Gefühle und Beziehungsrepräsentanzen des Therapeuten oder der Therapeutin bei der Entwicklung der jeweiligen Szenen mitwirken, dass beide Beteiligte verbal und nonverbal verstrickt sind, auch wenn die Szenen primär vom Patienten initiiert sind. Therapeutische Veränderung kann dadurch erreicht werden, dass es Patient und Therapeut gelingt, sich aus dem repetitiven Beziehungsmuster zu lösen, indem beide der Verwicklung und der jeweiligen eigenen Beiträge zur Verwicklung gewahr werden (Safran u. Muran, 2000).

2.3 Repetitive Beziehungsmuster – warum wird übertragen?

Für das Phänomen, dass sich bestimmte Beziehungserfahrungen aus früheren Beziehungen in aktuellen Beziehungen wiederholen, gibt es neben dem Begriff der Übertragung weitere Begriffe, die sich stärker auf die Verinnerlichung von früheren Beziehungserfahrungen beziehen. Hierzu gehören der Begriff der maladaptiven interpersonalen Muster (Horowitz, 1991), der frühen maladaptiven Schemata (z. B. Young, Klosko u. Weishaar, 2008) oder der interpersonellen Schemata im Sinne einer vorwiegend unbewussten mentalen Repräsentanz interpersoneller Beziehungen, die mit Wünschen und Affekten gekoppelt ist (Crits-Christoph, Demorest, Muenz u. Baranackie, 1994). Das Konzept der inneren Arbeitsmodelle (Bowlby, 1995) beschreibt dieses Phänomen innerhalb der Bindungstheorie als generalisierte Erwartungshaltung bezüglich dessen, ob ein Bindungspartner Nähe und Sicherheit bieten kann und inwieweit man sich selbst der Zuwendung und Liebe wert fühlt.

Sandler und Rosenblatt (1962) beschreiben zwei Formen der Verinnerlichung von Beziehungserfahrungen. Bei der ersten Form, der Identifikation, verändert eine Person die Selbstrepräsentanz nach dem Vorbild einer Objektrepräsentanz. Bei der Introjektion nimmt sie eine Rolle an, die ihr als Kind von den Eltern oder anderen wichtigen Bezugspersonen zugeschrieben wurde. Dies ist vergleichbar mit dem Begriff der Übertragung, wobei die Introjektion die Aufmerksamkeit ein wenig stärker auf den Aspekt der Verinnerlichung von Beziehungserfahrungen lenkt und die Übertragung stärker auf den Aspekt der Wiederholung dieser Beziehungserfahrungen in aktuellen Beziehungen. Tress et al. (1996) beschreiben die Introjektion wiederum so, dass eine Person sich selbst so behandelt, wie sie als Kind von den Eltern behandelt wurde (ich gehe mit mir um, wie andere mit mir umgingen). Sie ergänzen eine dritte Form: die Internalisierung. Hiermit ist gemeint, dass sich Personen zu einem aktuellen Objekt so in Beziehung setzen, als sei dieses Objekt ein früheres. Dies entspricht wiederum dem Begriff der Introjektion von Sandler und Rosenblatt (1962) sowie dem Übertragungsbegriff.

Stern (1992) spricht von prototypischen generalisierten Interaktionsrepräsentanzen und meint damit, dass das Erleben und Erinnern in Episoden organisiert ist, an denen die Person und ihre Objekte beteiligt sind. Diese Episoden beinhalten Empfindungen, Wahrnehmungen, Handlungen, Gedanken, Affekte und Ziele. Wie auch Kernberg (1981) geht Stern davon aus, dass ein Großteil dieser Erfahrungen bereits in der präverbalen Phase ablief.

All diese Vorstellungen stimmen in wesentlichen Punkten überein: Die Beziehungsrepräsentanzen bilden sich durch Interaktionserfahrungen mit früheren Objekten. Indem sich ähnliche Erfahrungen wiederholen, entstehen prototypische generalisierte Erwartungen darüber, wie Interaktionen ablaufen. Die Beziehungsrepräsentanzen entwickeln sich im Wesentlichen bereits in der vorsprachlichen Phase. Sie entfalten ihre Wirkung überwiegend unbewusst.

Warum wiederholen sich Beziehungserfahrungen aus früheren Beziehungen in aktuellen Beziehungen? Hierzu gibt es unterschiedliche Erklärungsansätze. Freud (1912/2000) schrieb solchen Übertragungen die Funktion der Abwehr von verdrängten Triebregungen und traumatischen Erfahrungen zu. Im Konzept des Wiederholungszwangs beschrieb er (1920/1975), dass die traumatischen Erlebnisse verdrängt werden, dass die unbewussten unerledigten Wünsche aber gleichzeitig ins Bewusstsein drängen. Eine andere Erklärung ist, dass Menschen Beziehungserfahrungen wiederholen, um ein Gefühl von Sicherheit und Verlässlichkeit der Umwelt zu erreichen und um negative interpersonelle Erfahrungen antizipieren und neue und überfordernde Erfahrungen begrenzen zu können (Arbeitskreis OPD, 2014). König (2004) sprach hier von einem Bedürfnis nach Familiarität.

Einen wiederum etwas anderen und, wie ich finde, klinisch sehr hilfreichen Erklärungsansatz bietet die Control-Mastery-Theorie (Weiss u. Sampson, 1986; Andreas, Kadur u. Sammet, 2019). Im Zentrum der Theorie steht der Gedanke, dass die Wiederholungen kindlicher Erfahrungen in der Übertragungsbeziehung unbewusst gesteuert sind und dem Prüfen sogenannter pathogener Überzeugungen des Patienten dienen. Die pathogenen Überzeugungen entwickeln sich aus den Erfahrungen mit den Bezugspersonen der Kindheit. Sie sind das Resultat unbewusster Bewältigungsversuche traumatischer Erfahrungen (z. B. »Ich bin nichts wert, sodass sich niemand für mich interessiert« oder »Wenn ich mich unabhängig verhalte, verletze ich andere«). Sie ermöglichen die Aufrechterhaltung der Bindung an die Bezugspersonen, geben ein Gefühl der Kontrolle und Sicherheit und mindern Gefühle von Hilflosigkeit. Gleichzeitig verhindern sie normale, wünschenswerte Ziele. Der Theorie nach testen Menschen in sozialen Beziehungen unbewusst, ob die gegenwärtigen Sozialpartner sich ebenso verhalten wie die frustrierenden früheren Bezugspersonen. Entsprechend haben Patienten somit eine unbewusste Motivation, ihre pathogenen Überzeugungen in der Beziehung zur Therapeutin oder zum Therapeuten zu widerlegen. Sie prüfen, ob korrigierende emotionale Erfahrungen möglich werden. Ein weiterer Grundgedanke der Theorie ist, dass Abwehrvorgänge so lange andauern, wie es Anhaltspunkte dafür gibt, dass das Wahrnehmen der abgewehrten Inhalte bedrohlich ist. Erst wenn sich der Patient in der therapeutischen Beziehung ausreichend sicher fühlt, kann er testen, ob der Therapeut seine pathogenen Überzeugungen widerlegen kann. Es gibt zwei Formen des Testens, die Übertragungstests (z. B. »Kann ich bei dir Akzeptanz und Interesse auslösen?«, »Darf ich mich verweigern und abgrenzen?«) und die Rollenumkehrtests (z. B. »Wie gehst du damit um, wenn ich unzuverlässig und unberechenbar bin?«). In dieser Sichtweise ist Übertragung also eine aktive, unbewusste Strategie des Patienten, sich in der geschützten therapeutischen Beziehung mit seinen bisherigen Erfahrungen auseinanderzusetzen und neue Beziehungserfahrungen zu machen.

Auch ein lerntheoretischer Erklärungsansatz im Sinne des operanten Konditionierens und des Modelllernens ist möglich. Aus diesem Blickwinkel wiederholen sich Beziehungserfahrungen aus früheren Beziehungen, weil wichtige Lernerfahrungen für kompetentes zwischenmenschliches Verhalten in der Kindheit fehlten. Aus einer noch etwas anderen Perspektive kann man sagen, dass es per se darum geht, Wahrnehmungen zu erzeugen, die zu aktivierten Schemata passen. Erleben und Verhalten wären demnach Ausdruck der jeweils aktivierten Schemata (Grawe, Donati u. Bernauer, 1994). Grawe et al. beschreiben, dass maladaptive Beziehungsmuster Ausdruck dessen sind, dass zwei miteinander in Konflikt stehende Schemata gleichzeitig wirken: In der Kindheit wurden essenzielle Grundbedürfnisse nicht befriedigt, was dazu führte, dass diese Grundbedürfnisse weiter ständig aktiv bleiben. Gleichzeitig sind mit diesen Bedürfnissen negative Emotionen verknüpft. Diese sollen vermieden werden, wodurch die angestrebte Bedürfnisbefriedigung wiederum verhindert wird. Dieser Erklärungsansatz ähnelt Freuds Konzept des Wiederholungszwangs (Freud, 1920/1975; Leising, 2002).

Moderne Übertragungskonzepte beziehen die Therapeutin, den Therapeuten stärker ein, wenn es darum geht, die jeweiligen Inszenierungen zu erklären (Körner, 2018; Gumz u. Storck, 2018). Die Therapeutin wird unmittelbar involviert und verwickelt. Es entsteht ein für die jeweilige Dyade spezifisches Beziehungsmuster.

In einem eigenen Konzept haben wir den systemtheoretischen Begriff des Attraktors (Ordnungszustands) auf den Übertragungsbegriff angewandt (Gumz, Villmann, Bergmann u. Geyer, 2008). Aus dieser systemtheoretischen Perspektive haben wir die therapeutische Beziehung im Therapieprozess als ein selbstorganisierendes Gesamtsystem beschrieben, das aus zwei Subsystemen (Patient und Therapeut) mit jeweils eigenen Systemgrenzen besteht. Die Elemente jedes Subsystems stehen in komplexer Wechselwirkung. Zu den Elementen jedes Subsystems zählen beispielsweise unbewusste und bewusste Affekte, innere Vorstellungsbilder über Interaktionen und zugehörige Annahmen, Erwartungen, Vorerfahrungen, Befürchtungen, Bedürfnisse, Wünsche und Ziele, Art und Inhalt verbaler Äußerungen, Körperhaltung, Gesten, Gesichtsausdruck. Hierdurch stellen sich unwillkürlich und zwangsläufig bestimmte dynamische Ordnungszustände her. Der jeweilige Attraktor (im Sinne eines attraktiven Systemzustands) zieht Subsysteme des Patienten und des Therapeuten an, ordnet sie pathologisch (versklavt sie). Die Ordnungszustände sind durch spezifische Affektkonstellationen geprägt und beinhalten dazu passende affektive Interaktionen sowie aktivierte Beziehungsschemata (Selbst- und Objektrepräsentanzen) beider Interaktionspartner.

Hier bestehen verschiedene Wechselwirkungen: Welche Anteile der Beziehungsschemata in aktuellen Beziehungen aktualisiert werden, ist vom Interaktionspartner, von äußeren Ereignissen oder inneren Prozessen abhängig. Umgekehrt steht aber auch die Informationsverarbeitung unter dem Einfluss der jeweils dominanten Selbst- und Objektkonzepte. Die subjektive Wahrnehmung des Gegenübers wird von den inneren Repräsentanzen beeinflusst. Sie wird selektiv auf Teilaspekte der aktuellen Wirklichkeit gerichtet. Prozessual ist Übertragung also das Ergebnis einer unbewussten Informationsverarbeitung von Vorstellungsbildern subjektiv reduzierter Teilaspekte des Gegenübers.

Gleichzeitig nimmt der Patient enttäuschende Reaktionen unbewusst vorweg. Die Wahrnehmungen und die vorweggenommenen Enttäuschungen aktivieren komplementäre Reaktionsmuster beim Patienten. Die Reaktionen zeigen sich beispielsweise in Sprache, Mimik, Gestik und anderen Verhaltenselementen. Diese Reaktionen des Patienten beeinflussen Reaktionsmuster des Therapeuten und wieder umgekehrt. Durch diese reziproken Vorgänge wird eine negative Beziehungserfahrung unwillkürlich reinszeniert.

Die beschriebenen Wechselwirkungen stehen in Verbindung mit weiteren Systemebenen, zum Beispiel dem Gehirn: Wenn es darum geht, aktuelle Informationen zerebral zu verarbeiten, werden die Informationen primär mit den Bahnen und Synapsen verarbeitet, die auf der Grundlage früherer Erfahrungen mit ähnlichem Geschehen bereits verstärkt worden sind. Das heißt, es werden solche Strukturmerkmale aktiviert, die zu den aktuellen Informationen Ähnlichkeit aufweisen. In Auseinandersetzung mit äußeren Einflüssen oder internen Prozessen, wie Erinnern, Denken etc., werden selektiv bestimmte passende seelische Strukturen aktiviert, andere jedoch nicht. Dies beeinflusst unsere Wirklichkeitserfahrung. Die aktivierten Strukturen können bewusst sein oder unbewusst bleiben und zum Beispiel lediglich zu Stimmungsänderungen führen. Die aktivierten neuronalen Strukturen haben wiederum Einfluss auf die Art, wie die Realität verarbeitet wird (Deneke, 2013). Die Änderungen auf neuronaler Ebene verlaufen in Wechselwirkung mit den anderen Elementen des Systems.

Therapeutische Veränderung entsteht aus dieser systemtheoretischen Sichtweise durch den Übergang von einem stabilen Ordnungszustand zu einem anderen stabilen Systemverhalten. Der Wandel von einem stabilen Zustand zu einem neuen stabilen Verhalten erfolgt schlagartig, setzt jedoch voraus, dass ein kritisch instabiler Bereich durchschritten wird. Solche Destabilisierung entsteht durch Energiezufuhr. Im Therapieprozess könnte ein ausreichendes Maß an neuen, dem alten Beziehungsmuster widersprechenden Interaktionsangeboten der »psychodynamischen Energiezufuhr« entsprechen, die erforderlich ist, um eine kritische Schwelle zu überschreiten.

Derartige Interaktionsangebote kann die Therapeutin machen, wenn sie erfolgreich mit Gegenübertragungsprozessen umgeht. Die Therapeutin und auch die Patientin sind gleichzeitig Teile sowie reflektierende Beobachtende ihres Beziehungssystems und versuchen, sich dem Zwang der Ordnung zu entziehen. Im Therapieverlauf geht es in anderen Worten darum, dem Sog dieser Ordnung etwas entgegenzusetzen – dies durch Einsicht in Beziehungsmuster, -wünsche und -ängste sowie durch eine emotional neue Beziehungserfahrung (Gumz et al., 2008).

2.4 Therapeutische Allianz und Realbeziehung

Das Konzept der therapeutischen Allianz hat einen psychodynamischen Ursprung und wurde später zu einem pantheoretischen Konzept ausgearbeitet. Der Begriff »therapeutische Allianz« oder

»Arbeitsbündnis« wurde von Zetzel (1956) geprägt. Zetzel war der Auffassung, dass die Fähigkeit des Patienten, ein Arbeitsbündnis einzugehen, von seiner generellen Fähigkeit abhängt, stabile vertrauensvolle Beziehungen einzugehen, was wiederum in frühen Beziehungserfahrungen wurzelt. Diese Vorstellung ist noch sehr nah an der traditionellen Theorie der Übertragung.

Spätere Konzepte haben sich vom Übertragungskonzept entfernt. Greenson (1971) schrieb, dass zwischen der Übertragung und der realistischen Wahrnehmung des Therapeuten unterschieden werden müsse. Die Arbeitsbeziehung (»working alliance«) als Teil der Realbeziehung beziehe sich darauf, dass Therapeut und Patient so zusammenarbeiten können, dass die Therapieziele erreicht werden.

Luborsky (1976) beschrieb, ausgehend von seinen empirischen Untersuchungen, zwei Typen der Allianz (von ihm bezeichnet als »helping alliance«). Typ 1 ist dadurch gekennzeichnet, dass der Patient den Therapeuten als grundlegend warm, unterstützend und hilfreich erlebt. Typ 2 bezieht sich auf die Zusammenarbeit bei den Bemühungen, das, was den Patienten belastet, zu überwinden, und zeigt sich im Erleben eines Wir-Gefühls und gemeinsamer Verantwortung für den Therapieprozess. Diese beiden Allianztypen entsprechen in weiten Teilen den von Zetzel (Typ 1) bzw. Greenson (Typ 2) beschriebenen Konzepten. Bordin (1979) arbeitete das Allianzkonzept (von ihm bezeichnet als »working alliance«) weiter aus. Er grenzte drei in Wechselwirkung stehende Komponenten ab, nämlich a) Übereinstimmung bezüglich der therapeutischen Aufgaben, b) Übereinstimmung bezüglich der Therapieziele und c) emotionale Bindung.

Insgesamt ist festzuhalten, dass keine einheitliche Definition des Begriffs »Allianz« existiert.

Die Realbeziehung ist eine weitere Komponente der therapeutischen Beziehung, die von verschiedenen Autoren von der Übertragungsbeziehung und der Allianz abgegrenzt wird. Gelso (2011) geht davon aus, dass diese reale Beziehung sich im Grad zeige, in dem man authentisch miteinander umgeht (Authentizität) und den Anderen wohltuend und förderlich behandelt, statt eigene Wünsche und Befürchtungen zu projizieren (Realismus). Gelso beschreibt, dass das Ausmaß an Authentizität im Therapieverlauf linear anwachsen sollte und dass das Ausmaß an Realismus zu Beginn und am Ende der Therapie größer ist.

An dieser Stelle lässt sich ergänzen, dass der Gedanke, dass die therapeutische Allianz, die Realbeziehung und die Übertragungs-Gegenübertragungs-Beziehung separate Phänomene seien, von verschiedenen Autoren kritisch gesehen wurde. Es wurde intensiv debattiert, ob diese grundlegende Abgrenzung theoretisch begründbar und praktisch nützlich sei oder gar das Risiko der Abwehr der Gegenübertragung in sich berge. Die Kritik bezieht sich vor allem darauf, dass eine gute therapeutische Allianz oder Realbeziehung ohne frühere positive Beziehungserfahrungen nicht denkbar ist. Lebensgeschichtlich bedeutsame Beziehungserfahrungen prägen letztlich, in welchem Maß authentische Bezogenheit und wohltuende förderliche Interaktionen möglich werden, die nicht übermäßig »kontaminiert« sind von eigenen Beziehungswünschen und Befürchtungen. Eine Zunahme von Authentizität und positiver Valenz lässt sich auch über die erfolgreiche Bearbeitung negativer Übertragung, über heilsame Erfahrungen und eine vermehrte Aktivierung vorhandener positiver Übertragungsneigungen erklären (Gumz, Munder, Marx u. Rugenstein, 2018b).

Für die therapeutische Haltung und das Intervenieren kann es problematisch sein, wenn Therapeuten das ausschließliche Ziel verfolgen, eine gute therapeutische Allianz herzustellen. Damit kann schnell aus dem Blickfeld geraten, dass es auch darum geht, (negative) Übertragungen anzunehmen, zu verstehen und aufzulösen und hierüber eine korrektive Objektbeziehung zu bieten. Hinzuzufügen ist hier, dass man allerdings ohne Rückgriff auf das Allianzkonzept dem logischen Paradox unterläge, dass sich die Übertragung am eigenen Zopf aus dem Sumpf ziehen müsse (Thomä u. Kächele, 2006). Hilfreich ist auch, dass durch das Allianzkonzept die Bedeutung des therapeutischen Rahmens stärker ins Blickfeld gerät im Sinne einer zu Therapiebeginn zu verhandelnden Übereinstimmung bezüglich des Vorgehens und der Therapieziele (Gumz et al., 2018b).

In der Verhaltenstherapie wird der Begriff der therapeutischen Beziehung oft gleichbedeutend mit dem Konzept der therapeutischen Allianz verwendet. In den letzten ein bis zwei Jahrzehnten wurden in die Verhaltenstherapie zunehmend Therapiekonzepte integriert, die auf dem Übertragungskonzept basieren. Beispiele sind das Cognitive Behavioral Analysis System of Psychotherapy (Mccullough, Schramm u. Penberthy, 2015) sowie die in der Schematherapie angewandte Haltung des Limited Reparenting (Young, Klosko u. Weishaar, 2008).

2.5 Spannungen und Krisen in der Therapiebeziehung (Alliance Ruptures)

Die Qualität der therapeutischen Allianz und ein positives Therapieergebnis hängen unmittelbar zusammen. Kann man nun aus dieser Tatsache schlussfolgern, dass eine Verschlechterung der Beziehungsqualität zwischen Patient und Therapeut im Prozess in jedem Fall schädlich ist und möglichst konsequent vermieden werden sollte?

Wie in den vorhergehenden Abschnitten beschrieben, würde dies zu kurz greifen und man würde vernachlässigen, dass auch die therapeutische Beziehung eine Beziehung ist, in der sich negative Beziehungsmuster (in mehr oder weniger verdünnter Form) wiederholen und hiervon ausgehend verstanden und aufgelöst werden können. Eine dialektische Sicht auf die therapeutische Beziehung ist somit gewinnbringend. Es geht um ein Sowohl-als-auch. Einerseits ist es für den Therapieerfolg entscheidend, eine korrektive positive Beziehungserfahrung herstellen und vermitteln zu können. Andererseits liegt es in der Natur der Sache, dass sich negative Beziehungsmuster in der therapeutischen Beziehung aktualisieren. Der gelingende Umgang mit diesen Inszenierungen ist ein therapeutischer Wirkmechanismus, der für die psychodynamischen Psychotherapien zentral ist.

Für diese kritischen Momente im Therapieprozess (Gumz, 2012), in denen Therapeut und Patient in ein schwieriges Beziehungsmuster verstrickt sind, prägten Safran und Muran (1996) den Begriff »Alliance Ruptures«. Sie definierten diese als abrupte Verschlechterungen der therapeutischen Allianz von einem zuvor besseren Ausgangsniveau (d. h. eine fehlende Übereinstimmung bezüglich der therapeutischen Aufgaben, Therapieziele oder eine Verschlechterung der emotionalen Bindung) und als kritische Stellen in der Therapie, die Ausgangspunkt für therapeutische Veränderung sein können.

Sie beschrieben, dass es sich dabei um eine Inszenierung handele, an der Patient und Therapeut stets gemeinsam beteiligt sind, wenn auch möglicherweise in ungleichem Ausmaß. Beispielsweise kann sich der Therapeut in Reaktion auf seine verschlossene Patientin distanzieren und ihr damit bestätigen, dass andere emotional nicht verfügbar sind. Die Interaktion in einer Ruptur ähnelt den typischen Interaktionsmustern der Patientin, was dem Therapeuten die Chance gibt, die zentralen dysfunktionalen interpersonellen Schemata zu explorieren. Das Auflösen einer Ruptur kann eine korrektive emotionale Erfahrung ermöglichen und die maladaptiven interpersonellen Schemata der Patientin verändern. Alliance Ruptures sind Risiko und Chance zugleich. Das Risiko besteht darin, dass Patienten die Therapie ausgehend von einer solchen Krise abbrechen oder dass sie keine therapeutischen Fortschritte erreichen, wenn es nicht gelingt, die Krise zu bearbeiten (Safran u. Muran, 2000).

Alliance Ruptures können während verschiedener Behandlungsphasen in unterschiedlicher Intensität, Dauer und Häufigkeit auftreten (Safran u. Muran, 1996). Das Spektrum reicht von kleinen Spannungen, die auch von erfahrenen Therapeutinnen und Therapeuten unbemerkt bleiben, bis zu schwerwiegenden Problemen, die ohne Auflösung zum Therapieabbruch oder zu einem schlechten Therapieergebnis führen. Zwei Typen von Alliance Ruptures wurden unterschieden – der Konfrontationstyp, bei dem ein Patient Ärger, Feindseligkeit oder Unzufriedenheit direkt ausdrückt, sowie der Rückzugstyp, bei dem sich ein Patient zurückzieht und sich teilweise vom Therapeuten oder seinen Emotionen entfernt (siehe Fallbeispiele, Abschnitte 5.1, 5.2).

Safran und Muran entwickelten zunächst ein theoretisches Modell der Auflösung von Alliance Ruptures. Dieses basiert im Kern auf den Grundgedanken der relationalen Psychoanalyse und interpersonaler Theorien, dass die therapeutische Beziehung stets gemeinsam konstruiert wird (Enactment), dass hiervon ausgehend alle Interventionen als Beziehungsakte aufzufassen sind und dass persönliche Entwicklung nur in Beziehungen stattfinden kann. Safran und Muran (1996, 2000) prüften und korrigierten ihr Modell schrittweise mit einer Reihe von qualitativen und quantitativen Einzelfallanalysen (integrative Psychotherapiesitzungen mit Merkmalen interpersonaler, erfahrungsbezogener und kognitiver Ansätze). Als Resultat entstand ein vierphasiges Modell der Auflösung von Alliance Ruptures. Dem Modell nach gelingt es dem Therapeuten in der ersten Phase, das gemeinsam inszenierte Beziehungsmuster zu identifizieren, sich daraus zu entfernen und eine abstrakte Position einzunehmen. In der nächsten Phase wird die Ruptur gemeinsam exploriert: Der Patient drückt die damit verbundenen negativen Gefühle aus, der Therapeut bestätigt das Erleben und steht zu seinem Anteil. Dieser zweiten Phase kann eine weitere Phase vorgeschaltet sein, in der es darum geht, die Vermeidung zu explorieren. Es geht dabei um Erwartungen und Befürchtungen des Patienten, die verhindern, dass er sich mit seinen die Ruptur betreffenden Gefühlen auseinandersetzen kann. In der vierten Phase schließlich drückt der Patient seine Gefühle, Wünsche und Bedürfnisse dem Therapeuten gegenüber direkt und selbstverantwortlich aus (Gumz, 2012). Die Autoren entwickelten hieraus ein Behandlungsverfahren (Brief Relational Therapy; Muran, Safran, Samstag u. Winston, 2005) und ein Trainingsverfahren (allianzfokussiertes Training; Eubanks-Carter, Muran u. Safran, 2015; Gumz et al., 2020b) – beide mit speziellem Fokus auf den Alliance Ruptures und deren Auflösung.

Der Begriff »Alliance Ruptures« hat sich in den letzten zwei Jahrzehnten zu einem der international meistgenutzten Begriffe für in der Therapiebeziehung entstehende Spannungen und Krisen entwickelt. Das Konzept der Alliance Ruptures überschneidet sich mit dem Über-

tragungskonzept. Beide Begriffe beziehen sich auf die Aktualisierung
früherer Beziehungskonflikte in der therapeutischen Beziehung. Das
Konzept der Alliance Ruptures ist etwas enger und konkreter definiert.
Es knüpft an Bordins (1979) Konzept der therapeutischen Allianz
(»working alliance«) an. Alliance Ruptures sind gekennzeichnet durch
eine Verschlechterung der Allianz im Sinne einer fehlenden Übereinstimmung bezüglich der therapeutischen Aufgaben, der Therapieziele oder einer Verschlechterung der emotionalen Bindung. Sie sind
zudem dadurch definiert, dass diese Verschlechterung der therapeutischen Allianz von einem zuvor besseren Ausgangsniveau erfolgt.

Genau genommen wurde die Allianz damit dem Übertragungsbegriff gleichgesetzt. Die inkonsistente Verwendung von Begriffen
und die Einführung neuer Begriffe für ähnliche Phänomene bergen
einige Probleme, nicht zuletzt bei der Operationalisierung von Kon-
strukten.

Das Konzept der Alliance Ruptures von Safran und Muran (2000)
zeichnet sich durch verschiedene Punkte aus. Die Orientierung am
pantheoretischen Konzept der Working Alliance hat dazu beigetragen,
dass Nicht-Psychodynamiker sehr gut daran anknüpfen und sich
damit identifizieren konnten. Generell nehmen Safran und Muran
eine integrative Sichtweise ein und verwenden eine schulenüber-
greifende Sprache. Besonders hervorzuheben sind zudem die empirische Fundierung und vor allem die Praxisnähe des Konzepts. Safran
und Muran haben sich eingehend damit befasst, zu analysieren und
zu formulieren, woran Therapeuten Spannungen und Krisen in der
Therapiebeziehung erkennen und wie diese aufgelöst werden können. Sie haben hierfür verschiedene konkrete Haltungen und Techniken benannt, die im dritten Kapitel detaillierter vorgestellt werden. Die Forschungen von Safran und Muran haben Kliniker und
Forscher weltweit inspiriert und ein anhaltendes Interesse an dem
Konzept ausgelöst.

2.6 Quantitative und qualitative Forschungen zur Therapiebeziehung

Quantitative Forschungen
Dass die Qualität der therapeutischen Allianz den Therapieerfolg wesentlich mitbestimmt, wurde in zahlreichen Studien und Metaanalysen gezeigt (Horvath, Del Re, Flückiger u. Symonds, 2011). Der Zusammenhang zwischen Allianz und Therapieergebnis zeigte sich über verschiedene Psychotherapieschulen und Störungsbilder hinweg (einschließlich Persönlichkeitsstörungen), sowohl in randomisiert kontrollierten manualisierten als auch in naturalistischen Studien (Norcross, 2011). Er zeigte sich auch unabhängig davon, wer die Allianz beurteilte. Interessant ist hierbei, dass die Einschätzungen der Allianz aus entweder Patienten- oder Therapeutensicht oder Sicht externer Rater nur moderat übereinstimmen (Horvath et al., 2011; Tryon, Blackwell u. Hammel, 2007). Anzunehmen ist, dass die Beurteilenden unterschiedliche Referenzpunkte und andere inhaltliche Kriterien zur Bewertung der Allianz haben, auch wenn ihre Bewertungen in vergleichbare Richtungen gehen (Hartmann, Joos, Orlinsky u. Zeeck, 2015; Bachelor, 2013). Zudem gibt es erste Hinweise darauf, dass eine zunehmende Übereinstimmung der Patienten- und Therapeutensicht im Therapieverlauf mit einem besseren Therapieergebnis einhergeht (Laws et al., 2017; Gumz, Bauer u. Brähler, 2012).

Patienten mit einer schlechteren Allianz haben nicht nur schlechtere Therapieergebnisse, sie brechen die Therapie auch vermehrt vorzeitig ab. Dieser Zusammenhang spielt vor allem in längeren Therapien und wohl auch bei geringerem Bildungslevel der Patienten eine Rolle (Sharf, Primavera u. Diener, 2010). Neben der Frage ihrer prognostischen Bedeutung wurde eine Vielzahl weiterer Fragestellungen zur therapeutischen Allianz erforscht (siehe Barber, Muran, McCarthy u. Keefe, 2013; Wampold u. Imel, 2015).

Besonders interessant sind jene Studien, die Unterschiede zwischen den Therapeuten identifizierten (sogenannte Therapeuteneffekte). Diese Studien zeigten, dass manche Therapeuten mit ihren Patienten durchschnittlich bessere therapeutische Allianzen herstellen können als andere. Die Therapeuten und Therapeutinnen, denen dies besser gelingt, sind die erfolgreicheren im Hinblick auf das Therapieergebnis ihrer Patienten.

Weitere Forschende haben sich damit befasst, wie sich die therapeutische Beziehung über den Therapieprozess hinweg entwickelt. Sie konzentrierten sich hierbei auf Phänomene wie vorübergehende abrupte Verschlechterungen und Destabilisierungen über die Zeit (Gumz, Brähler, Geyer u. Erices, 2012). Stiles et al. (2004) und Strauss et al. (2006) stellten fest, dass Patienten, deren Kurvenverlauf durch einen abrupten starken Werteabfall in den Allianzvariablen mit anschließendem Sprung auf das vorhergehende oder ein höheres Niveau gekennzeichnet war, größere therapeutische Fortschritte erreichten. Sie brachten ihre Beobachtung in Zusammenhang mit den Forschungen und Theorien von Safran und Muran (1996) und verwendeten für dieses V-förmige Verlaufsmuster daher den Begriff »alliance rupture-repair episodes«. Die Sequenzen traten häufiger in den psychodynamischen Verläufen auf (Stiles et al., 2004). Larsson, Falkenstrom, Andersson und Holmqvist (2018) fanden Vergleichbares in längeren Verläufen. Eine ähnliche Beobachtung machten wir in unseren Untersuchungen psychodynamischer Einzelfallverläufe. Umbrüchen in der erlebten Interaktion auf ein anhaltend höheres Niveau gingen abrupte starke Verschlechterungen im Kurvenverlauf der therapeutischen Beziehung voraus (Gumz et al., 2010).

Chen, Atzil-Slonim, Bar-Kalifa, Hasson-Ohayon und Refaeli (2018) zeigten, dass sich die sensible Wahrnehmung von Alliance Ruptures durch die Therapeuten positiv auf die Allianz und die Symptomatik in den Folgesitzungen auswirkte. Eubanks, Muran und Safran (2018) fassten in einer Metaanalyse die Ergebnisse von bisher elf vorliegenden Studien zum Effekt der Auflösung von Alliance Ruptures auf das Therapieergebnis zusammen. Der insgesamt moderate Zusammenhang bestand unabhängig von der therapeutischen Vorerfahrung, der Therapiedauer, der Therapiemethode, der Methode, Alliance

Ruptures zu erfassen, und auch unabhängig davon, ob die Patientinnen und Patienten eine diagnostizierte Persönlichkeitsstörung aufwiesen.

Spannungen und Krisen in der Therapiebeziehung wurden nicht nur über den ganzen Therapieprozess hinweg untersucht. Viele Autoren konzentrierten sich auf das Geschehen in einzelnen Sitzungen (z. B. Safran u. Muran, 1996; Sommerfeld, Orbach, Zim u. Mikulincer, 2008; Colli u. Lingiardi, 2009, siehe auch Gumz, 2012). Besonders eingehend, sowohl aus theoretischer als auch aus empirischer Perspektive, haben Safran und Muran zu diesem Thema geforscht. Aus ihren Forschungen entwickelten sie ein Modell, wie Alliance Ruptures aufgelöst werden, ein zugehöriges Kurzzeittherapieverfahren (Brief Relational Therapy) und ein Trainingsverfahren (allianzfokussiertes Training). Sie verglichen die Wirksamkeit ihres Kurzzeittherapieverfahrens mit einer Form der psychodynamischen und kognitiv-behavioralen Therapie an einer Patientenstichprobe mit Persönlichkeitsstörungen und hoher Komorbidität. Brief Relational Therapy und kognitiv-behaviorale Therapie erzielten stärkere klinische Verbesserungen, Brief Relational Therapy zudem eine signifikant niedrigere Quote an Therapieabbrüchen (Muran et al., 2005).

Die Angaben zur Häufigkeit von Alliance Ruptures sind abhängig davon, wer beurteilt (Patient, Therapeut oder externer Beobachter), und vom Messinstrument – und hier auch von der mathematischen Definition, ab wann man von einer Alliance Rupture spricht (Gumz, Brähler, Geyer u. Erices, 2012). Sie reichen in empirischen Studien von mindestens 7 bis 84 Prozent aus Patientensicht bis hin zu allen Sitzungen aus Sicht von externen Beobachtenden (Eubanks et al., 2018). Die meisten Studien ergaben, dass Therapeuten eine höhere Zahl von Alliance Ruptures wahrnehmen als die Patienten, was damit zu tun haben könnte, dass es Patienten schwerfällt oder unangenehm ist, Spannungen wahrzunehmen, und dass Therapeuten maladaptive Beziehungsmuster mit geschultem Blick wahrnehmen, während diese den Patienten (noch) unbewusst sind bzw. von ihnen ich-synton erlebt werden (Gumz et al., 2020b). Allerdings können vor allem

Spannungen vom Rückzugstyp, die subtiler und emotional weniger aufgeladen sind, auch von Therapeuten leicht übersehen werden (Eubanks, Burckell u. Goldfried, 2018).

Unsere Forschungsgruppe operationalisierte Krisen im Therapieprozess zudem als Destabilisierung von Variablen der therapeutischen Beziehung im Prozessverlauf. Unser Interesse für die Destabilisierung von Variablen entsprang einem theoretischen Bezugsrahmen. Wir nahmen Bezug auf die Theorie nichtlinearer dynamischer Systeme und wandten ein disziplinübergreifendes Veränderungsmodell auf den psychodynamischen Prozess an. Wir modellierten die Beziehung zwischen Patient und Therapeut als komplexes selbstorganisierendes System (Gumz et al., 2008). Diesem Veränderungsmodell nach sind Episoden vorübergehender Destabilisierung Voraussetzung für abrupte Veränderungen im therapeutischen Prozess. Therapeutische Veränderung entsteht, wenn ein stabiler Ordnungszustand des Systems so weit destabilisiert wird, dass ein Punkt kritischer Instabilität erreicht wird, von dem aus das Systemverhalten schlagartig in einen neuen stabilen Ordnungszustand übergehen kann (Haken u. Schiepek, 2010).

Aus dem entwickelten Modell leiteten wir Hypothesen ab, die in verschiedenen Einzelfallanalysen geprüft wurden. Wir nahmen erstens an, dass es möglich ist, Abfolgen höherer und niedrigerer Instabilität von Beziehungsvariablen in Therapieprozessen voneinander abzugrenzen, und dass es einen zeitlichen Zusammenhang zwischen hoher Instabilität der Variablen und diskontinuierlicher Veränderung gibt. Dem Veränderungskonzept nach sind Patient und Therapeut Teile eines gemeinsamen Beziehungssystems. Unter dieser Prämisse gingen wir zweitens davon aus, dass Phasen mit einem hohen oder niedrigen Grad der Instabilität in den Prozessratings von Patienten und Therapeuten synchron verlaufen und dass sich das Ausmaß der Destabilisierung ähnelt. Wir entwickelten einen methodischen Ansatz zur empirischen Prüfung der Hypothesen und wandten diesen zunächst auf einen Einzelfall analytischer Langzeittherapie an. Ein Patient und seine Therapeutin schätzten unmittelbar nach den Therapiesitzungen über den Therapieverlauf hinweg ein, wie sie ihre Interaktion erlebten. Über die erhaltenen Zeitreihen berechneten wir ein Maß der Instabilität dieser Einschätzungen (sog. dynamische Komplexität, Haken u. Schiepek, 2010, S. 376 ff.) Wir beobachteten mehrere Abfolgen der Destabilisierung der Einschätzungen im Prozessverlauf. Auf die Instabilitätsspitzen folgten diskontinuierliche Veränderungen, das heißt, wir konnten anhand der Therapiezeitpunkte extremer Instabilität Therapiephasen voneinander abgrenzen, die sich im Grundniveau der Interaktionsvariablen unterschieden. Die Abfolgen der Destabilisierung im Kurvenverlauf von Patient und Therapeutin verliefen synchron (Gumz, Bauer u. Brähler, 2012).

Wir wandten dasselbe Versuchsdesign auf weitere Einzelfälle an. In erfolgreichen Verläufen verzeichneten wir Episoden erhöhter Destabilisierung. Bei der Mehrheit der erfolgreichen Verläufe waren Therapiephasen hoher Instabilität gefolgt von diskontinuierlichen Verbesserungen auf ein höheres Grundniveau der Interaktionsvariablen (Gumz et al., 2010). Die Destabilisierung der Einschätzungen war in den erfolgreichen Therapien hoch synchron und in ihrer Höhe hoch übereinstimmend. In nicht erfolgreichen Fällen verliefen die Destabilisierungen entweder nicht synchron und/oder im Ausmaß nicht übereinstimmend. Die Einschätzungen der Therapeuten waren in diesen Fällen instabiler als die der Patienten.

Qualitative Forschungen

Einige Studien im Beratungskontext haben gezeigt, dass Patienten vieles verschweigen und vor allem negative Reaktionen zurückhalten und dass Therapeuten häufig nicht in der Lage sind, Probleme zu erkennen. Das Beratungsergebnis war schlechter, wenn die Berater die negativen Reaktionen bemerkten. Dies hängt vermutlich damit zusammen, dass es den Beratern nicht gelang, mit den negativen Reaktionen konstruktiv umzugehen (Hill, Thompson u. Corbett, 1992; Regan u. Hill, 1992; Gumz, 2012). Die Befunde wurden an Langzeittherapien geprüft (26 Verläufe, analytische, humanistische oder verhaltenstherapeutische Ansätze). Auch hier blieb vieles, überwiegend Negatives, unausgesprochen und die Therapeuten und Therapeutinnen waren häufig nicht in der Lage, die Probleme in der Beziehung zu erkennen. Hier schadete es dem Prozess jedoch nicht, wenn die Therapeuten die negativen Reaktionen bemerkten. Die Autoren schlussfolgerten, dass erfahrene Therapeuten besser mit negativen Patientenreaktionen umgehen können (Hill, Thompson, Cogar u. Denman,1993).

Rhodes, Hill, Thompson und Elliott (1994) untersuchten schwerwiegendere Missverständnisse, die sich in Selbsterfahrungen ereigneten (psychodynamische, humanistische oder eklektische Methode). Ihre Untersuchung der Erfahrungen von 19 Ausbildungsteilnehmenden ergab, dass die Missverständnisse ungeklärt blieben, wenn die Ausbildungskandidaten nicht zeigen konnten, dass sie sich unverstanden fühlten, oder wenn der Therapeut die geäußerten negativen Gefühle überging und sie nicht akzeptierte und diskutierte. Mehrere Ausbildungsteilnehmende brachen ihre Selbsterfahrung aufgrund dessen ab. Die Missverständnisse entstanden entweder dadurch, dass der Therapeut oder die Therapeutin etwas tat, was der Ausbildungskandidat nicht wollte (z. B. ungebetene Ratschläge gab), oder etwas Gewünschtes unterließ (sich etwa nicht an Fakten erinnerte).

Hill, Nutt-Williams, Heaton, Thompson u. Rhodes (1996) interviewten Therapeuten (analytische, humanistische oder verhaltenstherapeutische Orientierung) über ihre Erfahrungen mit einer therapeutischen Sackgasse, die zum Therapieabbruch geführt hatte. Die Therapeuten berichteten, dass die abbrechenden Patienten überwiegend ängstlich und depressiv waren, eine Persönlichkeitsstörung oder interpersonelle Probleme hatten. Es fehlte die Übereinstimmung bezüglich der Therapieziele. Einige berichteten, dass die Therapie durch Dritte beeinflusst wurde. Die meisten Therapeuten sprachen von Übertragung im Sinne einer Rollenumkehr – der Patient behandelte den Therapeuten dem entsprechend, wie er von seinen Eltern behandelt wurde. Die Therapeuten räumten mögliche Fehler ein, beispielsweise, dass sie zu konfrontativ oder zu supportiv gewesen seien. Teilweise aktivierten Patienten Themen der Ursprungsfamilie des Therapeuten. Auf die Sackgasse wurden die Therapeuten erst aufmerksam, als die Patienten plötzlich die Therapie abbrachen. Das Ereignis beschäftigte die Therapeuten und Therapeutinnen nachhaltig. Sie zweifelten an ihren Fähigkeiten und wechselten die Strategie mit anderen Patienten, um neue Sackgassen zu vermeiden.

Piper et al. (1999) untersuchten qualitativ die jeweils letzte Sitzung vor einem Therapieabbruch (»interpretive therapy«). Die Sitzungen begannen meist damit, dass die Patienten die Absicht abzubrechen und ihre Enttäuschung oder Unzufriedenheit über die Behandlung äußerten. Die Therapeuten reagierten darauf mit Übertragungsdeutungen. Die Patienten zogen sich zurück oder widersprachen. Die Therapeuten fokussierten weiter auf Übertragungsprobleme; ein Machtkampf entstand. Oft endeten die Sitzungen damit, dass die Patienten auf Anraten der Therapeutin oder des Therapeuten zustimmten, die Therapie fortzuführen. Sie kamen jedoch nicht zurück. Eine vergleichbare Beobachtung machten Castonguay, Goldfried, Wiser, Raue und Hayes (1996) in kognitiv-behavioraler Therapie: Therapeuten versuchten in Behandlungen mit schlechtem Therapieergebnis, Brüche in der therapeutischen Beziehung zu bewältigen, indem sie dogmatisch auf verzerrte, nicht realitätsgerechte Kognitionen fokussierten, anstatt flexibel auf die schwierigen emotionalen Erfahrungen des Patienten einzugehen.

Positiv wirkte sich aus, wenn der Therapeut oder die Therapeutin konstruktiv auf Krisen einging. Die Selbsterfahrungskandidaten in der erwähnten Studie von Rhodes et al. (1994), bei denen Missverständnisse geklärt werden konnten, berichteten, dass sie ihren Therapeuten mit negativen Gefühlen konfrontieren konnten, dass der Therapeut eine einvernehmliche Klärung förderte, eine akzeptierende Haltung zeigte, sich entschuldigte und Verantwortung für seinen Anteil übernahm. Die Beziehung besserte sich; es kam zum therapeutischen Fortschritt. In einer Studie von Moltu, Binder und Nielsen (2010) sollten sich sehr erfahrene Therapeuten (unterschiedlicher Methoden) an eine bestimmte Hürde erinnern, die sie erfolgreich überwinden konnten. Die Haltung, die als therapeutisch nützlich beschrieben wurde, bezeichneten die Autoren als »hilfreiche subjektive Präsenz«. Das Verlieren von Hoffnung und schwierige Gefühle des Therapeuten im Hier und Jetzt gefährdeten die hilfreiche Präsenz. Die innere Arbeit an diesen beiden Kategorien betrachteten die Therapeuten und Therapeutinnen als wesentlich. Sie empfanden die schwierige Erfahrung als wichtig für ihre berufliche Entwicklung.

2.7 Fazit

Sicher haben Sie bemerkt, dass einige der vorgestellten Begriffe mehrdeutig sind. So stimmen Definitionen von identischen Begriffen zum Teil nicht überein. Vice versa haben identische Aspekte oft unterschiedliche Bezeichnungen. Die begriffliche Konfusion erschwert die theoretische, klinische und empirische Auseinandersetzung mit den Themen. Wünschenswert wäre, dass psychodynamische Begriffe etwas klarer definiert und operationalisiert werden (Gumz, Horstkotte u. Kästner, 2014). Mehrdeutigkeit und Unschärfe sollten nicht als Ausdruck von Komplexität und geistigem Reichtum interpretiert oder befürwortet werden. Es wäre hilfreich, wenn wir als Psychotherapeutinnen und Psychotherapeuten dasselbe meinen, wenn wir vom selben reden oder gar bemerken, dass wir häufig an ungeahnten Stellen vom selben reden.

Die Reinszenierung negativer früherer Beziehungserfahrungen ist anhand von subtilen Spannungen oder stärkeren Krisen erkennbar. Hierfür steht der von Freud (1912/2000) geprägte Begriff der Übertragung. Aber auch weitere Begriffe wie beispielsweise Jacobs' (1986) Enactments, Lichtenbergs (2007) Modellszenen, Sandlers (1976) Bereitschaft zur Rollenübernahme, der negative Prozess (Binder u. Strupp, 1997) oder auch Kohuts (1981) Empathiefehler sind vergleichbar und meinen Ähnliches. Das Konzept des szenischen Verstehens (Argelander, 2014; Lorenzer, 1983) rückt den Umgang mit den Reinszenierungen in den Vordergrund.

In den letzten Jahren wird international zunehmend der Begriff »Alliance Ruptures« genutzt, um die Reinszenierung der negativen früheren Beziehungserfahrungen zu bezeichnen. An das Konzept von Safran und Muran (2000) und die von den Autoren verwendete Sprache zur Vermittlung der Theorien und Befunde konnten auch verhaltenstherapeutische Kliniker und Forschende gut anknüpfen, was sich therapieschulenunabhängig unter anderem in einer zunehmenden Zahl von Publikationen zu diesem Thema zeigt. Generell wurden in die moderne Verhaltenstherapie zunehmend Therapiekonzepte integriert, die sich auf das Übertragungskonzept stützen, das heißt auf die kurative Funktion der Auflösung einer Reinszenierung in der therapeutischen Beziehung.

Für das Spürbarwerden der Spannungen und Krisen durch die Therapeutin oder den Therapeuten stehen Begriffe wie Gegenübertragung und projektive Identifizierung. Wesentliche konzeptuelle und für das klinische Denken relevante Nuancen ergeben sich im Hinblick darauf, a) ob der Therapeut die Spannungen und Krisen in Identifikation mit den Objekten des Patienten oder mit Selbstanteilen des Patienten spürt, b) ob es sich bei dem, was spürbar wird, in großen Teilen um Gefühle oder Körperempfindungen handelt, für die der Patient noch keine Worte hat, oder auch c), ob der Therapeut als Teil der Reinszenierung ausschließlich fühlt und denkt oder ob er gar zugehörige Verhaltensweisen zeigt.

Nicht nur die therapeutische Beziehung, auch Alltagsbeziehungen werden von Übertragungen mitgeprägt. Für das Phänomen, dass sich Beziehungserfahrungen aus früheren Beziehungen generell in aktuellen Beziehungen wiederholen, gibt es weitere Begriffe, die sich stärker auf die Verinnerlichung von Beziehungserfahrungen beziehen. Abbildung 1 veranschaulicht die verschiedenen Begriffe, die aus mehr oder weniger unterschiedlichen Perspektiven auf die therapeutische Beziehung blicken und sich auf das Phänomen beziehen, dass die therapeutische Beziehung zugleich haltgebende Basis als auch ein Ort ist, an dem sich schwierige Beziehungserfahrungen wiederholen und hiervon ausgehend verstanden und bearbeitet werden, sodass insgesamt ein Beziehungsneuanfang möglich wird.

Es liegt also in der Natur der Sache, dass sich negative Beziehungsmuster in der therapeutischen Beziehung aktualisieren. Der gelingende Umgang mit diesen Inszenierungen ist ein therapeutischer Wirkmechanismus, der für die psychodynamischen Psychotherapien zentral ist. Somit kennt jeder praktisch tätige Psychotherapeut, jede praktisch tätige Psychotherapeutin Spannungen und Krisen im Verlauf einer Therapie. Sie ereignen sich zwangsläufig und häufig. Sie sind Momente besonderer Herausforderung, in denen Therapeuten emotional besonders involviert sind und die zum Scheitern der Therapie führen können. Therapeuten setzen das Verstricktsein in ein schwieriges Beziehungsmuster nicht selten fälschlicherweise gleich mit therapeutischer Inkompetenz (Gumz, 2012).

Wie dargelegt, gibt es inzwischen eine große Zahl an Forschungsbelegen dafür, dass sowohl eine gute therapeutische Beziehung als auch eine vorübergehende Spannung oder Krise, die aufgelöst werden kann, mit einem guten Therapieergebnis assoziiert sind. Insofern stellt sich hier die Frage: Wie viel Krise kann die therapeutische Beziehung vertragen? Welche Rolle spielen Intensität, Anzahl und Dauer der Krisen? Dies sind spannende Fragen, die es wert sind, diskutiert und in künftigen Forschungen betrachtet zu werden. Es ist eine für die psychotherapeutische Aus- und Weiterbildung zentrale Aufgabe, die Fähigkeiten von Therapeutinnen und Therapeuten zu verbessern, Spannungen achtsam wahrzunehmen und auf hilfreiche Weise über Spannungen und Krisen zu kommunizieren (Gumz, 2019, 2020).

In den folgenden Kapiteln stelle ich Techniken für den Umgang mit Spannungen und Krisen in der Therapiebeziehung vor sowie didaktische Konzepte, um diese Techniken zu üben. Fallbeispiele zur Veranschaulichung finden sich abschließend in Kapitel 5.

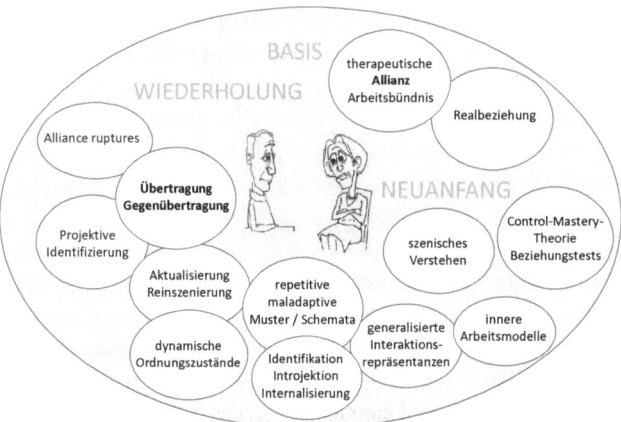

Abbildung 1: Perspektiven auf die therapeutische Beziehung

Anmerkung: Dargestellt sind Begriffe, die aus mehr oder weniger unterschiedlichen, sich teils stark überlappenden Perspektiven auf die therapeutische Beziehung blicken. Die Begriffe beziehen sich auf das Phänomen, dass die therapeutische Beziehung eine haltgebende, unterstützende Basis ist und dass sich zugleich schwierige Beziehungserfahrungen darin wiederholen und hiervon ausgehend verstanden und bearbeitet werden. All diese Aspekte ermöglichen einen Beziehungsneuanfang.

3 Techniken für den Umgang mit Spannungen und Krisen in der Therapiebeziehung

3.1 Eine gute Basis schaffen

Rogers (2005) konzipierte drei Grundhaltungen, die häufig als therapeutische »Basisvariablen« bezeichnet werden. Dies sind a) positive Wertschätzung und emotionale Wärme, b) Echtheit und c) einfühlendes Verstehen. Die positive Wertschätzung umfasst Respekt, Akzeptanz und die Fähigkeit und Bereitschaft, sich unvoreingenommen auf eine bedeutungsvolle Begegnung mit dem Patienten einzulassen, ohne ihn im Hinblick auf seine Eigenschaften und Handlungen zu bewerten. Für b), die Echtheit, stehen weitere Begriffe wie Kongruenz, Authentizität, Aufrichtigkeit, Selbstintegration. Um echt sein zu können, muss die Therapeutin selbst eine stabile, reife Persönlichkeit ausgebildet haben. Sie darf sich nicht hinter einer Fassade, einer Rolle oder hinter Theorien und Floskeln verstecken und muss in der Lage sein, die eigenen Gefühle zuzulassen, differenziert wahrzunehmen und sich und die therapeutische Beziehung in ihrer Ganzheit zu erleben. Weitere Begriffe für c), das einfühlende Verstehen, sind Empathie und Verständnis. Eine empathische Therapeutin versteht den Patienten in seinem Erleben, seinen Gedanken und Gefühlen, Wünschen und Ängsten. Sie ist in der Lage, die emotionalen Erlebnisinhalte zu verbalisieren und auf die subjektive Erfahrung des Patienten mit einem klaren tieferen Verständnis zu reagieren.

Wie im ersten Kapitel dargestellt, beschrieb Luborsky (1976) zwei Typen der Allianz. Der erste Typ bezieht sich darauf, dass der Patient die Therapeutin als unterstützend und hilfreich erlebt. Der zweite Typ bezieht sich auf die Zusammenarbeit. Luborsky (1984) empfahl bestimmte Techniken, um eine gute Allianz des ersten bzw. zweiten Typs zu fördern. Für den ersten Typ empfahl er, dass die Therapeutin sich bemüht, den Patienten zu mögen, dass sie Verständnis und Akzeptanz vermittelt, den Wunsch zu unterstützen formuliert und auch direkt unterstützt bei psychosozialen Herausforderungen. Die Therapeutin soll auch Hoffnung zum Ausdruck bringen und Fortschritte, die der Patient macht, aufmerksam zur Kenntnis nehmen. Beim zweiten Allianztyp geht es darum, ein Wir-Gefühl und ein Gefühl geteilter Verantwortung für den Therapieprozess zu erzeugen, Sympathie, Verständnis, Wertschätzung, Akzeptanz und Respekt zu zeigen. Es geht auch darum, Anerkennung zu formulieren für die Fähigkeiten des Patienten, sich selbst genauer zu beobachten und das Gelernte umzusetzen. Die Therapeutin unterstützt den Patienten bei seinen Bemühungen, die gesetzten Ziele zu erreichen, und zeigt sich dabei zuversichtlich und ermutigend. Sie regt den Patienten an, Gedanken und Gefühle auszudrücken, und bezieht sich auf das in der Therapie gemeinsam Erlebte. Hierzu gehört auch, dass notwendige Abwehrformen beibehalten und gefördert werden.

Eine gute therapeutische Basis ist notwendig, aber nicht hinreichend. In den folgenden Abschnitten beschreibe ich, wie negative Übertragungen erkannt, verstanden und aufgelöst werden können.

3.2 Eine achtsame Beobachterposition einnehmen

Die Therapeutin wird im Verlauf des Prozesses in die Regeln des Interaktionssystems, also in bestimmte Übertragungs- und Gegenübertragungsmuster, »gezwungen«. Gleichzeitig ist sie diejenige, die (im gelingenden Fall) die Verstrickung partiell kontrollieren kann. Sie wohnt der Interaktion als stille Beobachterin von außen bei, überdenkt die Beziehung und ihre eigenen emotionalen Reaktionen auf subtile oder offensichtliche Verwicklungen aus angemessener Distanz und ist zugleich Teil der Beziehung und identifiziert sich mit dem Patienten (Gumz et al., 2008).

Dieses Phänomen einer Art »Ich-Spaltung des Therapeuten« bezeichneten wir als »Beobachter-Ich«, in Anlehnung an die dafür auch verwendeten Begriffe »analytische Haltung« (Arlow u. Brenner, 1964, zit. nach Sandler, Dare u. Holder, 1996), »Arbeits-Ich« (Olinick, Poland, Grigg u. Granatir, 1973; Fliess, 1942, zit. nach Sandler et al., 1996), »teilnehmender Beobachter« (Sullivan, 1980) oder »exterritorialer Haltepunkt« (Thomä, 1981). Mithilfe dieses parallel vorhandenen »Beobachter-Ichs« gelingt es dem Therapeuten, sich »dem Zwang der Logik maladaptiver Beziehungsmuster« zu entziehen (Gumz et al., 2008).

Je achtsamer sich der Therapeut der Gegenübertragung öffnet, desto besser gelingt es ihm, die Übertragung oder die projektive Identifizierung des Patienten zu verstehen. Hilfreich ist dabei, sich stets zu vergewissern, dass alles, was wir als Therapeutinnen und Therapeuten fühlen, sagen oder tun, im Kontext der Beziehung zum jeweiligen Patienten geschieht. All unsere Gefühle, Gedanken und Handlungen und somit auch alle therapeutischen Äußerungen können Ausdruck eines bestimmten Beziehungsmusters, also der Gegenübertragung, sein.

Das aufmerksame Beobachten schließt nicht nur den manifesten Inhalt der Äußerungen des Patienten und des Therapeuten ein, sondern auch Verhaltensmerkmale oder prosodische und linguistische Kriterien. Hierzu gehören Mimik, Gestik, Körperhaltung, Sprechtempo, Sprechrhythmus, Pausen, Satzmelodie, Metaphern, Tonfall, Tonhöhe und emotionale Färbung der Äußerungen. Nützlich ist auch, auf Inkonsistenzen zu achten: Passt etwas nicht zusammen? Fehlt eine Information, um etwas richtig zu verstehen? Wird etwas ausgespart? Passt der geschilderte Inhalt zum dabei gezeigten Affekt? Gibt es abrupte Themenwechsel, nicht vollendete Sätze, beiläufige Bemerkungen oder auch freudsche Versprecher?

Gute Therapeuten sind in der Lage, hilfreiche Präsenz zu zeigen und gleichzeitig konzentriert und offen zuzuhören (Castonguay u. Hill, 2017). Für diese Grundhaltung prägte Freud (1912/1999) den Begriff der gleichschwebenden Aufmerksamkeit. Hiermit ist gemeint, dass der Therapeut dem Patienten unvoreingenommen zuhört, in einem Zustand psychischer Entspannung und Aufnahmebereitschaft, ohne eigenen Vorlieben, Erwartungen oder theoretischen Vorannahmen zu folgen. Es geht darum, alle Äußerungen des Patienten ohne Intention auf sich wirken zu lassen, sie unvoreingenommen aufzunehmen, ohne einer Aussage bevorzugte Aufmerksamkeit zu schenken. Bion (1970, S. 129) fasste diese geforderte Haltung pointiert zusammen als »no memory, desire, understanding«.

Freud beschrieb damit etwas, was von dem mit dem Psychoanalytiker Erich Fromm befreundeten buddhistischen Mönch Nyanaponika (1979) als das Herzstück der Achtsamkeitspraxis beschrieben wurde: die Haltung des reinen Beobachtens (Rugenstein u. Gumz, 2017). Achtsamkeit (Mindfulness) meint, die eigene Aufmerksamkeit auf das Hier und Jetzt zu lenken. Der Achtsame beobachtet neugierig und offen alle Gedanken und Gefühle im Hier und Jetzt. Er akzeptiert die wahrgenommenen Dinge so, wie sie sind, ohne sie zu bewerten und zu interpretieren und ohne automatisch darauf zu reagieren. Er reagiert mit Bedacht (Bishop et al., 2004), das heißt eher mit Reflexion als mit Reflex (Voos, 2013). Dazu gehört auch, mit der Aufmerksamkeit zwischen aufkommenden Gedanken und Atem hin- und herzupendeln, um zu verhindern, dass Gedanken, Gefühle und Wahrnehmungen kognitiv verarbeitet werden. Erleben und Erfahren sind wichtiger als Denken.

Achtsamkeit lässt sich trainieren. Aktuell existieren noch nicht ausreichend viele Studien zum Zusammenhang von Achtsamkeit, therapeutischer Beziehung und Therapieerfolg. Erste Untersuchungen zur Achtsamkeitsschulung, auch im Bereich der Psychotherapieausbildung, sind jedoch ermutigend (Mander u. Blanck, 2018; Blanck et al., 2018; Reuter, Walther u. Gumz, im Druck; siehe Abschnitt 4.2).

3.3 Eine Spannung oder Krise wahrnehmen

Eine Konsequenz, die sich aus den im ersten Kapitel formulierten Inhalten ergibt, ist, dass Therapeuten in die jeweiligen Beziehungsmuster verwickelt werden, ohne es vermeiden zu können. Subtile Spannungen oder stärkere Krisen gehören zum Alltag jeder Psychotherapie. Sie ereignen sich zwangsläufig und häufig. Angesichts der Tatsache, dass Patientinnen und Patienten in der Regel unter schwierigen Beziehungsmustern leiden und dass sich diese auch in der therapeutischen Beziehung zeigen, kann man davon ausgehen, dass sich in der Mehrheit der Sitzungen zumindest subtile Spannungen identifizieren lassen. Trotz dieser theoretischen Hintergründe scheuen sich Therapeuten oft, die Verwicklungen in Supervisionen vorbehaltlos zu zeigen, und empfinden Scham für einen vermeintlichen Makel (Gumz, 2019, 2020). Solche Vorbehalte und negativen Bewertungen erschweren es natürlich, neugierig und achtsam zu bleiben und alle Wahrnehmungen zu akzeptieren.

Wenn wir unsere emotionalen Reaktionen zulassen und das Beziehungsgeschehen stetig beobachten, ergibt sich die Chance, über das Wahrgenommene zu reflektieren, vorsichtig Hypothesen zu entwickeln, zu wem wir in der jeweiligen Dyade werden, und hiervon ausgehend zu intervenieren. Zunächst ist es also wichtig, eine Spannung oder Krise sensibel und in ihren Facetten wahrzunehmen. Eine Spannung oder Krise wird zum einen in der Gegenübertragung spürbar und lässt sich zum anderen auch anhand von subtilen oder offensichtlichen Verhaltensweisen der Patienten identifizieren. Sie kann sich in der Mimik, Gestik oder Körperhaltung zeigen, in der Art, zu sprechen oder zu schweigen, im Tonfall oder der Tonhöhe, im emotionalen Gehalt der Äußerungen. Sie kann sich äußern in Form von Inkonsistenzen, Themenwechseln, ausgesparten Inhalten und anhand von vielen weiteren Anhaltspunkten.

Safran und Muran (2000) haben zwei Typen von Alliance Ruptures voneinander abgegrenzt: Beim Konfrontationstyp drückt der Patient Ärger, Feindseligkeit oder Unzufriedenheit direkt aus. Beim Rückzugstyp zieht er sich zurück, entfernt sich innerlich vom Therapeuten oder seinen eigenen Emotionen. Der Konfrontationstyp ist in der Regel kaum zu übersehen. Spannungen vom Rückzugstyp dagegen werden oft nicht ausreichend wahrgenommen (Safran u. Muran, 2000; Gumz et al., 2018a, 2018c, 2020b; Gumz, 2019). Safran und Muran (2000) zählen eine Reihe von Indikatoren auf, an denen Spannungen und Krisen zu erkennen sind:

Beispiele für Alliance Ruptures vom Konfrontationstyp:
- Der Patient beschwert sich über den Therapeuten.
- Der Patient äußert direkt oder vorsichtig Bedenken über die Therapie oder den therapeutischen Rahmen.
- Der Patient klagt über mangelnden Therapiefortschritt.
- Der Patient verteidigt sich.
- Der Patient versucht, Druck auf den Therapeuten auszuüben.
- Der Patient versucht, den Therapeuten zu kontrollieren.

Beispiele für Alliance Ruptures vom Rückzugstyp:
- Die Patientin ist wortkarg, schweigt oder antwortet einsilbig.
- Die Äußerungen der Patientin bleiben vage oder abstrakt, intellektuell.
- Die Patientin wechselt plötzlich von belastenden zu unverfänglicheren Themen.
- Die geäußerten Inhalte passen nicht zum dazu gezeigten Affekt.
- Die Patientin wirkt übermäßig ehrerbietig und beschwichtigend.
- Die Patientin verleugnet oder bagatellisiert die Bedeutung von Themen oder Ereignissen, die jedoch offenkundig bedeutsam sind.
- Die Patientin ist stark selbstkritisch.
- Die Patientin zeigt sich bedrückt und hoffnungslos.

3.4 In die Metakommunikation einsteigen

Safran und Muran (2000) sprechen in Bezug auf die Auflösung von Alliance Ruptures von einem therapeutischen Dreischritt aus »Enacting – Disembedding – Understanding«. Hiermit ist gemeint, dass wir uns als Psychotherapeuten zunächst in ein problematisches Beziehungsmuster verstricken lassen. Im nächsten Schritt werden wir dieser Verstrickung gewahr und beginnen, uns daraus zu lösen, indem wir die Aufmerksamkeit der Patientinnen und Patienten auf das Hier-und-Jetzt-Erleben der Therapiebeziehung lenken und dazu ermuntern, auch negative Gefühle auszudrücken. Dieses In-Worte-Fassen des zuvor achtsam Beobachteten bezeichnen Safran und Muran (2000) als »Metakommunikation«. Bei dieser Metakommunikation geht es darum, sich zu bemühen, das Beziehungsmuster aus einer abstrakten Perspektive mit der Patientin oder dem Patienten gemeinsam zu verstehen.

Der Einstieg in die Metakommunikation ist auf drei Ebenen möglich (siehe Abbildung 2; Muran et al., 2010; Gumz et al., 2018c): Fokus auf dem Patientenerleben (z. B. »Sie wirken auf mich etwas gereizt«), Fokus auf dem Therapeutenerleben (z. B. »So, wie Sie über das Thema sprechen, verliere ich gerade etwas den Draht zu Ihnen«) oder Fokus auf dem »Wir«, also dem interpersonellen Geschehen (z. B. »Es kommt mir so vor, als ob wir beide unterschwellig miteinander kämpfen«).

Vielen Patienten und Patientinnen fällt das Ausdrücken negativer Gefühle schwer. Sie äußern ihre Gefühle, Befürchtungen und Wünsche zunächst oft indirekt oder zurückhaltend. An dieser Stelle ist es wichtig, die Vermeidung, sich intensiver mit einer Spannung auseinanderzusetzen, zum Thema zu machen. In der Regel steht hinter der Vermeidung die Angst vor Bedürftigkeit und Verletzlichkeit – im Kontext einer Krise vom Konfrontationstyp – bzw. die Angst vor Aggression – im Fall einer Krise vom Rückzugstyp.

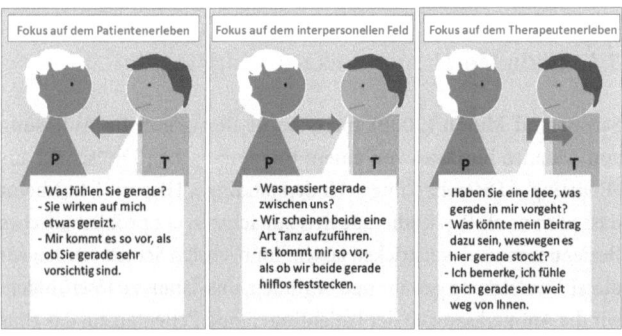

Abbildung 2: Drei Ebenen für den Einstieg in die Metakommunikation (Gumz et al., 2018c; nach Muran et al., 2010)

Das therapeutische Gespräch kann sich zwischen der Klärung des eigentlichen Beziehungswunsches und der Erkundung der Vermeidung eine Weile hin- und herbewegen, bis es der Patientin schließlich gelingt, die für das Entstehen der Spannung oder Krise zentralen und bislang abgewehrten Wünsche und Bedürfnisse direkt und offen auszudrücken. Patientin und Therapeutin können diese formulierten Wünsche und Bedürfnisse anerkennen (Safran u. Muran, 2000; Gumz, 2012).

3.5 Generelle Haltungen und Techniken

Spannungen und Krisen gehören zum therapeutischen Alltag. Therapeuten kann das Wissen um die Bedeutung und die Alltäglichkeit dieser kritischen Momente helfen, auf derartige Chancen gezielt zu achten, sie zu schätzen, zu nutzen und sie nicht als therapeutischen Makel aufzufassen. Diese Perspektive ist keine einfache, sondern setzt viel Sensibilität und Arbeit an sich selbst und der therapeutischen Beziehung voraus.

Um Spannungen nicht zu übersehen, ist es nützlich, Patientinnen und Patienten zu ermuntern, alles mitzuteilen, was sie fühlen, auch ihre eventuelle Unzufriedenheit (Gumz, 2012). Wichtig ist, die im Hier und Jetzt entstehenden Emotionen konsequent auf sich zu beziehen, Teil der Beziehung zu bleiben und sich nicht aus dem Geschehen herauszuhalten oder dogmatisch an bestimmten Interventionsstrategien festzuhalten. Ein Anzeichen dafür, dass sich der Therapeut hinter globalen Aussagen oder Konzepten versteckt, können bereits Äußerungen sein wie: »Sie sind mit der Therapie unzufrieden« (statt »mit mir«) oder »Die Therapie bringt Ihnen zu wenig« (statt »Ich«). Auch das Formulieren von Übertragungsdeutungen im Sinne des Herstellens einer Parallele zu früheren oder aktuellen Außenbeziehungen (z. B. »Dieser Konflikt ähnelt dem, den Sie mit Ihrer Mutter hatten« oder gar »Haben Sie häufiger Probleme mit Autoritäten?«) kann bedeuten, dass sich der Therapeut der Beziehung im Hier und Jetzt entzieht (siehe Abschnitt 3.6; Gumz, Marx, Rugenstein u. Munder, 2018a).

Wichtig ist, dass der Therapeut sich bemüht, das Erleben der Patientin möglichst gut zu verstehen und in der gemeinten emotionalen Intensität aufzugreifen, also weder zu bagatellisieren (z. B. »Sie fühlen sich ein klein wenig ungerecht behandelt«) noch zu übertreiben. Ratsam ist, in der Beziehung authentisch zu sein und, wenn dies der Klärung zuträglich ist, auch über Facetten der eigenen Gegenübertragung zu kommunizieren. Bedeutsam ist auch, sich zum eigenen Anteil an der Entstehung von Spannungen und Krisen zu bekennen (Gumz et al., 2018a).

Therapeuten sollten sich mit ihren therapeutischen Interventionen nicht zu weit von der Patientin entfernen. Das Bemühen um Verstehen sollte stets im Vordergrund stehen. Nützlich ist, sich bei suggestiven oder redundanten Deutungen selbst zu ertappen. Deutungen, die nicht an den Äußerungen der Patientin ansetzen, sind oft ein Ausdruck fehlender therapeutischer Erfahrung oder unreflektierter Gegenübertragung. Die Atmosphäre sollte von der Vorstellung geprägt sein, mit der Patientin gemeinsam nach Erkenntnissen zu suchen. Hierzu gehört auch, sich korrigieren zu lassen (Gumz, 2019).

Zum Verstehen gehört ebenso, nonverbale, implizite Beziehungsbotschaften aufzugreifen (z. B. Mimik, Gestik, Körperhaltung, Sprechtempo, Sprechrhythmus, Pausen, Satzmelodie, Tonfall, Tonhöhe und emotionale Färbung der Äußerungen). Stern (2005) betonte, dass Veränderungsprozesse nicht über Einsicht oder Reflexion ablaufen, sondern über neue Beziehungserfahrungen, die auch das implizite Beziehungswissen, welches Gefühle, Körpersensationen und nicht beschreibbare Grundbefindlichkeiten beinhaltet, umformen. Durch kontinuierliche Beobachtung und Abstimmung können plötzlich und unerwartet intersubjektiv erzeugte Momente entstehen, die von Stern (2005) als »Gegenwartsmomente« bezeichnet werden. In diesen Gegenwartsmomenten erleben Therapeutin und Patientin ein unmittelbares und tiefes Gefühl der Bezogenheit und des Verstehens. Es gelingt, die Intentionen des Anderen zu lesen und im eigenen Körper zu fühlen, was der Andere empfindet (Stern, 2005).

Für das Verstehen einer Übertragungs-Gegenübertragungs-Dynamik ist es nützlich, Informationen über aktuelle und prägende Beziehungsmuster miteinander abzugleichen. Diese Informationen sind drei wesentlichen Quellen zu entnehmen, nämlich a) dem im Hier und Jetzt in der therapeutischen Beziehung gemeinsam Erlebten, b) den Schilderungen der Patientin über Beziehungsepisoden mit früheren wichtigen Bezugspersonen (z. B. Mutter oder Vater) und ihre Gefühle darin sowie c) den Schilderungen der Patientin über Beziehungsepisoden mit aktuell wichtigen Bezugspersonen (z. B. Partner, Vorgesetzte) und ihre Gefühle darin. Es geht, wie erwähnt, nicht darum, die Wiederherstellung früherer Beziehungsmuster zu vermeiden, sondern das Übertragungs-Gegenübertragungs-Muster in seinen unterschiedlichen Facetten zu verstehen und empathisch nachzufühlen, was emotional genau vor sich geht. Hier hilft auch, die eigene Gegenübertragung mit den berichteten Affekten abzugleichen und die berichteten Szenen von früher an die aktuellen und berichteten Affekte zu koppeln. Wofür stehen Gefühle wie etwa Angst, Wut, Schuld oder Scham? Ziel ist, alles gemeinsam mit der Patientin zu einer verstehbaren Einheit zusammenzufassen und für die vielen Schichten und Aspekte Schritt für Schritt gemeinsam ein tieferes Verständnis zu entwickeln.

Sehr handlungsnah haben Safran und Muran (2000) verschiedene Haltungen und Techniken für den Umgang mit Alliance Ruptures ausgearbeitet, von denen die wesentlichen im Folgenden aufgelistet sind (Safran u. Muran, 2000; Gumz, 2020).

Zehn zentrale Haltungen und Techniken für den Umgang mit Alliance Ruptures:
1. Bleibe im Hier und Jetzt der Beziehung, in der Wirklichkeit des gegenwärtigen Moments, bei deinem momentanen emotionalen Erleben.
2. Konzentriere dich mit Geduld, Achtsamkeit und Neugier darauf, den aktuellen Beziehungsmoment bewusst zu machen, statt auf Veränderung zu drängen.

3. Achte kontinuierlich auf dein Gefühl der Verbundenheit und deine Gegenübertragung. Sprich Veränderungen aktiv an.
4. Lasse deine Wahrnehmung kontinuierlich pendeln zwischen den eigenen Gegenübertragungsgefühlen und der empathischen Einfühlung in den Patienten und hier wiederum zwischen dem Inhalt der Äußerungen (was wird gesagt?) und dem Verhalten des Patienten (wie wird es gesagt?).
5. Gleiche deine eigene Wahrnehmung von Spannungen mit den Eindrücken des Patienten ab (z. B. »Irgendwie kommt es mir so vor, als würden Sie ganz schön verbissen berichten heute. Wie sieht es denn in Ihnen aus?«).
6. Sei konkret und spezifisch, statt intellektuell zu spekulieren (z. B. »Was Sie gerade erzählen, klingt in meinen Ohren sehr abstrakt« statt »Sie neigen dazu, in abstrakter Weise über Dinge zu sprechen«).
7. Nimm eine Haltung aufrichtigen Nichtwissens ein und betone, dass du aus einer subjektiven Perspektive sprichst (keiner autoritativen). Geh davon aus, dass Interventionen vorläufig und explorativ sind, dass es sich keinesfalls um korrekte Informationen handelt.
8. Zeige dich in der Beziehung authentisch und offenbare auch Facetten der eigenen Gegenübertragung (eigene Gefühle oder Handlungstendenzen) mit einer nichtdefensiven Haltung, wenn dies der Klärung zuträglich ist. Verdeutliche dabei, dass der Patient für dein Erleben nicht verantwortlich ist.
9. Erkunde deinen Beitrag an der Interaktion, bekenne dich zum eigenen Anteil an der Entstehung von Spannungen und Krisen (z. B. »Was könnte mein Beitrag dazu sein, weswegen es hier gerade stockt?«). Übertrage das Geschehen nicht zu früh auf Außenbeziehungen.
10. Etabliere ein Wir-Gefühl, versuche, die Gemeinsamkeit des schwierigen Beziehungserlebens in Worte zu fassen, wirb dafür, gemeinsam nach einer Lösung zu suchen (z. B. »Wir beide scheinen mir heute sehr vorsichtig und höflich zu sein«).

3.6 Was ist eine gute Übertragungsdeutung?

Die Übertragungsdeutung ist aus theoretischer Sicht eine zentrale psychodynamische Technik (Gumz, Horstkotte u. Kästner, 2014; Gumz, 2018). Sie verbindet das psychodynamische Interesse am Übertragungsgeschehen (und somit an der therapeutischen Beziehung) mit dem Prinzip der Deutung. Wie konzeptuelle und empirische Untersuchungen des Begriffs Übertragungsdeutung zeigen, handelt es sich auch hier um einen heterogenen Begriff (Brumberg u. Gumz, 2012; Høglend, 2014).

In der theoretischen und empirischen Literatur lassen sich verschiedene Subtypen einer Übertragungsdeutung inhaltsanalytisch unterscheiden. Zum einen ist relevant, ob die Übertragungsdeutung auf die therapeutische Beziehung oder auf Außenbeziehungen Bezug nimmt und, im Hinblick auf die Außenbeziehungen, auf gegenwärtige oder bedeutsame vergangene Beziehungen. Ein wichtiges Kriterium ist zudem, ob eine Parallele gezogen wird, das heißt, ob die Wiederholung der Vergangenheit in der Gegenwart explizit benannt wird, wie dies bei der genetischen Übertragungsdeutung der Fall ist. Aus relationaler Sicht ist das Herstellen einer Parallele überflüssig. Es genügt, wenn der Therapeut sich auf das gegenwärtige Erleben bezieht (Übertragungsdeutung im Hier und Jetzt; Gumz, 2018; Munder, Lorenz u. Gumz, 2016).

Die bislang vorliegende empirische Evidenz zur Wirksamkeit von Übertragungsdeutungen ist widersprüchlich (Barber et al., 2013). Vermutlich spielen hier moderierende Variablen eine Rolle, wie die therapeutische Beziehung oder das Strukturniveau der Patienten. Ein potenziell weiterer Grund für die diskrepanten Befunde sind die heterogenen Definitionen der Übertragungsdeutung (Brumberg u. Gumz, 2012). In der bislang methodisch stringentesten Studie zu dem Thema wurde gezeigt, dass Übertragungsdeutungen bei Patienten mit geringerem Strukturniveau und insbesondere dann, wenn eine geringere Allianzqualität zu beobachten war, eine bessere Wirksamkeit erzielten (im Vergleich zu höherem Strukturniveau und höherer Allianzqualität; Høglend et al., 2011).

Zu möglichen differenziellen Effekten der Subtypen einer Übertragungsdeutung liegen einige theoretische Annahmen und erste Befunde vor. So wird für die Übertragungsdeutung im Hier und Jetzt angenommen, dass das Thematisieren der gemeinsam erlebten therapeutischen Beziehung eine korrektive zwischenmenschliche Erfahrung vermittelt (z. B. Kernberg, 1979; Mertens, 2004; Thomä u. Kächele, 2006; Safran u. Muran, 2000; Gumz, 2018; Körner, 2018). Für die genetische Übertragungsdeutung (Parallele zwischen Gegenwart und Vergangenheit) wird angenommen, dass einerseits hieraus kognitive Einsichten entstehen, andererseits aber auch feindselige Interaktionen, weil sich Patienten wegen der Vernachlässigung von Anteilen des Therapeuten am Beziehungsgeschehen nicht ernst genommen fühlen (z. B. Piper et al., 1999; Mertens, 2004; Thomä u. Kächele, 2006). Safran und Muran (1996) beobachteten, dass es für das Auflösen einer Alliance Rupture nicht erforderlich war, die interpersonalen Schemata des Patienten und seinen Beitrag am Entstehen der Alliance Rupture auf andere Beziehungen zu übertragen.

Eine Übertragungsdeutung im Sinne des Herstellens einer Parallele zu früheren oder aktuellen Außenbeziehungen kann auch Ausdruck dessen sein, dass sich der Therapeut der Beziehung im Hier und Jetzt entzieht (Gumz, 2018).

4 Didaktische Konzepte

4.1 Interpersonelle Fähigkeiten von Psychotherapeuten

Therapeuten unterscheiden sich hinsichtlich ihrer Fähigkeit, eine gute Therapiebeziehung herzustellen. Die Therapeutinnen und Therapeuten, denen dies besser gelingt, sind auch erfolgreicher im Hinblick auf das Therapieergebnis ihrer Patienten und auch hinsichtlich der Wahrscheinlichkeit von vorzeitigen Therapieabbrüchen (sog. Therapeuteneffekte; Anderson, Ogles, Patterson, Lambert u. Vermeersch, 2009; Dinger, Strack, Leichsenring, Wilmers u. Schauenburg, 2008; Baldwin u. Imel, 2013; Del Re, Flückiger, Horvath, Symonds u. Wampold, 2012; Saxon, Barkham, Foster u. Parry, 2017). Es ist anzunehmen, dass sich diese Unterschiede zwischen Therapeuten insbesondere in spannungsreichen und krisenhaften Schlüsselsituationen abzeichnen und auswirken. Das Risiko eines vorzeitigen Therapieabbruchs ist generell hoch. Etwa ein Viertel aller Patienten bricht vorzeitig ab, bei depressiven Patienten fast jeder dritte (Fernandez, Salem, Swift u. Ramtahal, 2015). Ein großer Teil der Abbrüche erfolgt bis zur 15. Sitzung (Seiffge-Krenke u. Cinkaya, 2017).

Studien zu interpersonellen Fähigkeiten von Psychotherapeuten (»facilitative interpersonal skills«) zeigen, dass der individuellen Kompetenz von Therapeutinnen und Therapeuten, eine gute Therapiebeziehung herzustellen und aufrechtzuerhalten, eine wichtige Rolle zukommt (Anderson, McClintock, Himawan, Song u. Patterson, 2016; Anderson et al., 2009). Mit dem Facilitative Interpersonal Skills Test (FIS; Anderson et al., 2009) lässt sich messen, wie gut es Therapeuten gelingt, mit Spannungen und Krisen umzugehen. In dem Test reagieren Ausbildungsteilnehmer oder Therapeuten verbal auf herausfordernde Therapiesituationen, die auf Videoclips nachgestellt wurden. Die Reaktionen werden audioaufgezeichnet und von geschulten Ratern auf acht Dimensionen beurteilt (z. B. verbale Ausdrucksfähigkeit, emotionale Ausdrucksfähigkeit, Empathie). Für die englischsprachige Version dieses Tests wurden Zusammenhänge dieser interpersonellen Fähigkeiten von Psychotherapeuten mit dem Therapieergebnis beobachtet (Anderson et al., 2009; Anderson, Crowley, Himawan, Holmberg, Uhlin, 2016; Anderson, McClintock et al., 2016).

Unsere Forschungsgruppe entwickelte eine deutschsprachige Version des Facilitative Interpersonal Skills Tests (FIS-Übung). Dies umfasste zum einen die Produktion von Videoclips, in denen herausfordernde Patientenreaktionen nachgespielt wurden, zum anderen die Entwicklung und psychometrische Prüfung des zugehörigen FIS-Manuals zur Beurteilung der interpersonellen Fähigkeiten der Testteilnehmenden (Gumz et al., 2020a; Munder et al., 2019). In einem aktuellen Projekt überprüfen wir den Zusammenhang unterschiedlicher individueller Therapeutenmerkmale mit den interpersonellen therapeutischen Fähigkeiten von Ausbildungskandidaten und Therapeuten sowie den Effekt der interpersonellen Fähigkeiten auf das Therapieergebnis.

Gute Therapeutinnen und Therapeuten sind in der Lage, eine hilfreiche Präsenz zu zeigen (Moltu et al., 2010). Sie können konzentriert und offen zuhören und ungezwungen, entspannt, flüssig und mit emotionalem Gehalt kommunizieren. Sie sind in der Lage, Hoffnung zu vermitteln, sind glaubwürdig und überzeugend. Sie vermitteln Akzeptanz, Wärme und Verständnis, sind empathisch und stellen eine Atmosphäre der Verbundenheit und der Zusammenarbeit her. Sie greifen die Probleme der Patienten gezielt auf und sind in der Lage, mit Spannungen und Krisen umzugehen (Castonguay u. Hill, 2017; Anderson et al., 2009).

4.2 Zeitgemäße Lehrformate

Die Entwicklung der Fähigkeiten von Therapeutinnen und Therapeuten, eine gute therapeutische Beziehung herzustellen und mit Spannungen und Krisen umzugehen, ist therapiemethodenunabhängig eine zentrale Aufgabe der Psychotherapieausbildung. Diesen Fähigkeiten wird künftig ein hoher und prüfungsrelevanter Stellenwert eingeräumt werden. Entsprechende Fertigkeiten sollen anhand von praktischen Übungen von Beginn der Ausbildung an gelehrt und geübt werden. Für Übungs- und Prüfungszwecke bietet es sich an, Simulationspatienten oder auch passende Videosequenzen zu verwenden. Die im Abschnitt 4.1 beschriebene FIS-Übung ist nicht nur für die Psychotherapie- und Ausbildungsforschung geeignet, sondern in besonderem Maße auch für die Lehre und Weiterbildung. Sie bietet die Möglichkeit, interpersonelle Fähigkeiten zu trainieren sowie standardisiert und empirisch fundiert zu beurteilen (Gumz et al., 2020a). Letzteres ist für die geplante Durchführung der anwendungsbasierten Parcoursprüfung am Ende des Studiums (»Objective Structured Clinical Examination«) von großem Nutzen. Gleichsam kann die FIS-Übung dazu dienen, Studierenden Rückmeldungen über den Stand der individuellen Fertigkeiten zu geben.

Eine Methode, die speziell dafür entwickelt wurde, angehende Therapeutinnen und Therapeuten im Umgang mit Spannungen und Krisen in der Therapiebeziehung zu trainieren und somit positiv auf die Beziehungsqualität und das Therapieergebnis einzuwirken, ist das allianzfokussierte Training (AFT; Eubanks-Carter et al., 2015; Gumz, Rugenstein u. Munder, 2018c; Gumz, 2019; Gumz et al., 2020b). Das AFT fördert die therapeutischen Fähigkeiten darin, Spannungen und Krisen achtsam wahrzunehmen, damit einhergehende Affekte zu regulieren und in hilfreicher Weise über das Beziehungsgeschehen zu kommunizieren. Das AFT besteht aus einem Einführungsworkshop und anschließender Gruppensupervision. Im Workshop werden theoretische Hintergründe und Techniken zum Umgang mit Spannungen und Krisen vermittelt. Die Teilnehmenden werden darin geschult, Spannungen und Krisen in Videobeispielen und eigenen Fallbeispielen sensibel wahrzunehmen. Unterstützend werden Achtsamkeitsübungen durchgeführt. In Rollenspielen wird geübt, die Spannungen und Krisen auf hilfreiche Art anzusprechen und aufzulösen. Auch in der anschließenden Gruppensupervision steht die Arbeit mit Videoaufzeichnungen von Therapiesitzungen und Rollenspielen im Zentrum.

Durch das gemeinsame Betrachten von Videoaufzeichnungen von Therapiesitzungen in der Supervision werden die Teilnehmenden für allgegenwärtige Spannungen und Krisen in der Allianz sensibilisiert. Im Rollenspiel werden hilfreiche Interventionstechniken erspürt und erprobt. Dabei werden insbesondere Techniken der Metakommunikation geübt, also des Sprechens darüber, was in der Beziehung vor sich geht. Durch Achtsamkeitsübungen soll die emotionale Wahrnehmung verbessert und differenziert werden. Wichtig ist dabei, die in den Therapie- und Supervisionssitzungen aufkommenden Gefühle nichtwertend anzunehmen und sich auf das Erleben im Hier und Jetzt zu konzentrieren (Eubanks-Carter et al., 2015; Gumz et al., 2020b). Die Fähigkeit wird geschult, negative Emotionen zu tolerieren, zu verdauen und hierüber zu abstrahieren, statt mit (subtiler) Gegenaggression zu reagieren oder die Auseinandersetzung mit einer Spannung zu vermeiden, in der Hoffnung, dass sich diese bis zur nächsten Sitzung von selbst auflöst.

Ziel ist, innerhalb des AFT eine Gruppenkultur zu entwickeln, in der sich Supervisoren und Supervisanden authentisch, offen und auf Augenhöhe über das im Hier und Jetzt Erlebte austauschen, was damit einhergeht, dass sich die Teilnehmenden häufig stärker emotional involviert und exponiert fühlen und empfinden, dass die Supervision auch in ausgeprägterem Ausmaß Selbsterfahrungselemente enthält (Reuter, Walther u. Gumz, im Druck).

Bisherige Forschungen, einschließlich einer eigenen von der Heigl-Stiftung geförderten quantitativen und qualitativen Pilotstudie, sprechen für das große Potenzial des Ansatzes zur Verbesserung der Psychotherapieausbildung (Eubanks-Carter et al., 2015; Gumz et al.,

2020b). Die an der Pilotstudie zum AFT teilnehmenden Ausbildungskandidaten profitierten von dem erlebnisnahen Ansatz, der es erlaubt, abstrakte Konzepte der Behandlungstechnik, wie gleichschwebende Aufmerksamkeit, Abstinenz und Takt, in Form von konkreten, lehr- und lernbaren Fähigkeiten (Selbstwahrnehmung, Affektregulation und Beziehungskompetenz) zugänglich zu machen. Das Lernen an und mit Videoaufnahmen und das Erproben des Gelernten im Rollenspiel ermöglichen einen erfahrungsnahen Zuwachs an Wissen und Fertigkeiten. Dies knüpft an den im Ausbildungskontext relevanten Diskurs um »deliberate practice« (Rousmaniere, 2017) an. Bei einer Umsetzung des Trainings sollte auf einen therapeutischen Hintergrund der Lehrenden und einen geschützten Rahmen geachtet werden. Um die aufkommenden Emotionen gut auffangen und auf die Teilnehmenden in einem geschützten Rahmen individuell eingehen zu können, empfehlen wir kleine und geschlossene Gruppen (Reuter et al., im Druck).

Ausbildungskandidaten aller Therapierichtungen empfinden zu Beginn ihrer Ausbildung Selbstzweifel und wünschen sich eine Festigung ihrer eigenen Werte und Grenzen sowie Sicherheit darin, eine klare Haltung ihren künftigen Patienten gegenüber entwickeln zu können (Taubner et al., 2014; Rønnestad u. Skovholt, 2013). Ausbildungsteilnehmern und auch rückblickend befragten Psychotherapeuten ist das praktische Lernen mit Patienten, anhand von Falldarstellungen, durch Supervision (vor allem Einzelsupervision), durch Feedback von erfahrenen Therapeuten und durch die Selbsterfahrung am wichtigsten für die Entwicklung von Beziehungskompetenzen und professionellen Fertigkeiten (Carlsson u. Schubert, 2009; Sonntag et al., 2009; Orlinsky et al., 2001). Ausbildungskandidaten wünschten sich verstärkt praktische Übungseinheiten zu therapeutischen Interventionskompetenzen in einem geschützten Rahmen mit direktem Feedback (Nikendei et al., 2018).

Feedback leistet einen wichtigen Beitrag zur Kompetenzentwicklung. Vor allem Supervisoren und Selbsterfahrungsleiter geben Feedback (Nikendei et al., 2018), aber auch Patienten. Eine Online-Umfrage unter

Leitenden staatlich anerkannter Weiterbildungsstätten in Deutschland ergab, dass von 75 Prozent der an der Umfrage teilnehmenden Institute ein psychometrisches Monitoring der Patientenbehandlungen durchgeführt wird und dass die Daten mehrheitlich an die Ausbildungskandidaten rückgemeldet werden. Psychodynamisch orientierte Institute erheben seltener Patientendaten (Evers u. Taubner, 2018).

Videoaufnahmen von Therapiesitzungen sind für Supervision und Ausbildung von großem Wert (Reuter et al., im Druck; Watkins, 2012; Haggerty u. Hilsenroth, 2011; Lamont-Mills, Christensen u. Brownlow, 2014). Bisher werden Videoaufnahmen in psychodynamischen Ausbildungen noch zu wenig genutzt. Sie werden von vielen kritisch gesehen (Dück, Dinger, Schauenburg u. Nikendei, 2019). Häufig wird eingewendet, dass eine Kamera bzw. darüber ein dritter Beobachter den geschützten Raum der Dyade gefährden. Studien zeigten allerdings, dass sich Patienten und Therapeuten an die Anwesenheit der Kamera gewöhnen und diese nach anfänglicher Scheu nicht mehr als störend erleben (Reuter et al., im Druck; Haggerty u. Hilsenroth, 2011; Gossman u. Miller, 2012).

Bereits vor zwanzig Jahren habe ich im Rahmen meiner damaligen klinischen Tätigkeit an der Universitätsklinik in Leipzig die Arbeit mit Videoaufzeichnungen von Therapiesitzungen zur Schulung der diagnostischen und therapeutischen Fähigkeiten im Umgang mit der Übertragung und Gegenübertragung kennen- und sehr schätzen gelernt. Sich als Therapeut oder Therapeutin auf diese Weise in einem Video selbst therapeutisch tätig zu betrachten und insbesondere sich vor einzelnen oder einer Gruppe von Kollegen damit zu zeigen, hat nicht nur angenehme Gefühle ausgelöst. Es war stets auch eine große Herausforderung, die im Rückblick für die meisten eine intensive und überaus lehrreiche Erfahrung war. Auch jetzt als Supervisorin erlebe ich, wie es von den Supervisanden gleichermaßen gefürchtet und geschätzt ist, sich in der eigenen Therapeutenrolle zu offenbaren. Ich habe mit psychoanalytisch und tiefenpsychologisch fundiert arbeitenden Psychotherapeutinnen und Psychotherapeuten viel über dieses Thema diskutiert. Der häufig vorgebrachte Einwand, dass eine

Kamera bzw. darüber ein dritter Beobachter den geschützten Raum der Dyade gefährden, ist verständlich und zeugt von Sorge um und Verantwortung für die Patienten und die therapeutische Beziehung. Dagegenzuhalten und abzuwägen ist allerdings, dass durch Videoaufnahmen ein unmittelbares und gezielteres Feedback möglich wird und dass die Gefahr, über Fälle zu intellektualisieren, geringer ist. Dies trägt zur Kompetenzentwicklung der Ausbildungskandidaten und damit einhergehend auch zum Schutz der Patientinnen und Patienten bei.

5 Fallbeispiele

Die folgenden Ausschnitte sind Teil der auf unserer Lehr-DVD »Psychodynamische Psychotherapie in der Praxis« (Gumz u. Hörz-Sagstetter, 2018) enthaltenen Videosequenzen. Auf dieser DVD und in der in diesem Buch zitierten Literatur finden sich weitere Fallbeispiele. Aus Gründen der Schweigepflicht und des Datenschutzes wurden persönliche Angaben und biografische Details in den beschriebenen Fallbeispielen so weit verfremdet, dass Rückschlüsse auf die Patientin und den Patienten nicht möglich sind.

5.1 Herr Kranz: »Da haben Sie ganz recht, Frau Doktor!« Eine von übergroßem Respekt gekennzeichnete Übertragungsbeziehung

Das folgende Beispiel zeigt, wie eine Therapeutin sich bemüht, eine Beziehungsverwicklung in erste Worte zu fassen (Metakommunikation).

Herr Kranz ist ein 36-jähriger Patient, der mit Waschzwängen, Minderwertigkeits- und Schuldgefühlen in die Therapie kam. Er ist frühberentet wegen mehrerer Bandscheibenvorfälle. Herr Kranz ist als Jüngster von fünf Geschwistern aufgewachsen. Seine Familie gehörte einer Sekte an. Das Sektenleben prägte seine Kindheit. Freunde oder Feiern waren nicht erlaubt; gefordert waren eine Hörigkeit innerhalb der Sektenhierarchie und ein völliges Zurückstellen eigener Bedürfnisse. Herr Kranz beschreibt seine Mutter als einschränkend und anklammernd. Auslöser für die Symptomatik des Patienten war der

Beginn einer Ausbildung. Die Symptome verstärkten sich mit der Heirat der um einige Jahre älteren Ehefrau. Herr Kranz begegnet seiner Therapeutin mit übergroßem Respekt. Für jede Äußerung lobt er sie mit salbungsvollen, ehrerbietigen Worten. Die Therapeutin greift die von ihr in der Beziehung wahrgenommene Spannung auf und versucht, mit ihrem Patienten über die therapeutische Interaktion aus einer abstrakten Beobachterposition ins Gespräch zu kommen. Deutlich wird, dass der Patient keinen Zugang zu eigenen Bedürfnissen hat.

PATIENT (P): (spricht bedächtig, langsam) Ja, Frau G., ich bin jetzt richtig froh, hier zu sein. Frau G., erst einmal vielen Dank. Danke, dass Sie sich die Zeit nehmen. Wie gesagt, es muss ja jetzt mal etwas werden mit mir, Frau G., Sie wissen ja, mein Rücken, Frau G., Sie sind Expertin, also äh, meine Frau macht schon so viel für mich. Dass die noch bei mir bleibt, ist ein wahres Wunder ...

THERAPEUTIN (T): Hm.

P: Ja, nein, Frau G., was ich sagen will, also, sie – also nicht Sie, Frau G., ich meine, Frau, meine Frau, also hat ja auch immer mit sich zu kämpfen und dann muss sie sich noch um mich kümmern. Sie arbeitet sehr hart, macht dann den Haushalt und ich – Frau G. – kann da einfach nichts beitragen, wegen der Krankheit, Frau G., das tut mir leid, ich wiederhole mich, mein Rücken, Frau G., ich fühle mich so nutzlos und sinnlos und kriege nichts allein hin.

T: Das ist schwer auszuhalten, so abhängig zu sein.

P: (sofort einfallend) Ja, Frau G.! Da haben Sie ganz recht. Ganz genau, ich bin jetzt richtig erleichtert. So fühle ich mich. Was bin ich denn für ein Mann, Frau Dr. G., der nichts zu bieten hat.

T: Als hätten Sie als Mann gar nichts zu bieten ...

P: (stutzt kurz) Ganz genau, Frau G., vielen Dank.

T: (zögernd, etwas verwirrt) Jetzt, äh, werden Sie durch die Krankheit zurückgehalten, so ähnlich wie sonst oder früher durch Ihre Mutter oder Ihre Gemeinde.

P: Oh ja, Frau G., ich werde durch die Krankheit zurückgehalten? (stutzt etwas, denkt ostentativ nach) … Äh, das ist mir noch gar nicht aufgefallen, dass das vielleicht wie bei meiner Mutter … (Gesicht erhellt sich) Ja, danke! Sie haben recht.

T: (sucht nach passenden Worten) Ja. Sie haben das Gefühl, etwas machen zu wollen, aber irgendwie kommt es nicht dazu. Sie sind …

P: (unterbricht) Genau, richtig formuliert, Frau G.!

T: Äh, Herr Kranz, ich würde gern einmal beschreiben, was mir auffällt, wenn wir miteinander reden.

P: Ja, sehr schön, Frau G., das finde ich gut.

T: (vorsichtig, etwas verlegen lächelnd) Ich merke, dass Sie ja ständig meinen Namen sagen und mich sehr stark bestätigen …

P: (etwas verunsichert) Ja, Ihren Namen … Also, ja … ich wollte Sie natürlich nicht verärgern. Ähm, das ist ja eine Form des Respekts, Respekt ausdrücken …

T: Wissen Sie, ich verliere darüber etwas den Draht zu Ihnen, ich merke, dass ich dadurch gar nicht mehr frei denken und fühlen kann … Ich habe das Gefühl, wir tauschen viel Höflichkeit aus, und ich kriege dabei gar nicht mehr mit, wie Sie sich eigentlich fühlen.

P: Ach so, na … ich wollte ja höflich sein …

T: Ich habe fast das Gefühl, als ob ich meinen Namen oder den Respekt mehr höre als alles andere, was Sie eigentlich bewegt und belastet.

P: Ach so, äh, ja dann … (irritiert) Ich, weiß nicht? …

T: Jetzt wirken Sie verunsichert … durch das, was ich gesagt habe.

P: Das war wohl alles nicht so gut, was ich gesagt habe.

T: Ich höre sehr die respektvollen, fast salbungsvollen Worte, aber wir kommen gar nicht dazu, das, was Sie hierhergeführt hat, zu besprechen.

P: Ja, ach so. … Das hat meine Frau gestern auch so gesagt. Sie hat gesagt, ich soll aufhören mit dem – äh Gesäusle.

T: Aha, Gesäusle. Was denken Sie, was Ihre Frau damit meint?

P: Meine Mutter hatte angerufen, ich hatte einen Termin fürs Wochenende ausgemacht, ob ich komme, und meine Frau ist

wütend, ich möchte sagen, wütend durch die Küche gerannt, und ich habe ihr das erklärt und habe ihr dann gesagt, dass sie gut kocht, dann kam das Wort, Gesäusle.
T: Das heißt, irgendetwas bringt Sie hier und dort dazu, zu loben und zu bestätigen.
P: Na ja, ich will eben nicht unfreundlich sein.
T: Hm. Ja. Es bleibt dabei von Ihnen nicht viel übrig … Sie können sich gar nicht vorstellen, dass es hier in allererster Linie um Ihre Bedürfnisse geht und nicht darum, mir Respekt zu zollen?
P: … Ja, ich weiß nicht … Bedürfnisse? … Ich weiß jetzt gar nicht richtig, was Sie da erwarten …

Kommentar zum Fallbeispiel
Auffällig in dieser Szene ist der extreme Respekt, den der Patient der Therapeutin entgegenbringt. Möglicherweise erlebt er die Therapeutin »führergleich« und scheint auf »heilsame Erlösung« zu warten. Die Therapeutin fühlt sich in ihrer Gegenübertragung wie gelähmt und eingefangen von den »pastoralen Predigten«. Diese Beziehungsgestaltung verhindert eine authentische Begegnung und eine emotionale Auseinandersetzung mit den Schwierigkeiten des Patienten. Die Therapeutin entschließt sich, diese von ihr wahrgenommene Spannung in der Beziehung aufzugreifen (Metakommunikation). Sie bemüht sich dabei, ihre Wahrnehmungen taktvoll einzubringen, ohne mit offener oder subtiler Aggression zu reagieren, die etwa aus dem Gefühl, vereinnahmt oder manipuliert zu werden, entstehen könnte.

Das Übertragungsgeschehen in der Szene lässt sich als Reinszenierung der Beziehungserfahrungen innerhalb des Sektenlebens auffassen. Psychodynamisch gesehen lässt sich der Waschzwang verstehen als Angst des Patienten, sich zu versündigen, als Versuch, sich »reinzuwaschen«, nicht negativ aufzufallen. Eigene, autonome Bedürfnisse zu entwickeln käme einer Sünde gleich und war in der Kindheit verbunden mit der Angst, aus der Gemeinschaft ausgestoßen zu werden. In diesem Kontext ist zu verstehen, dass die Ausbildung und Heirat als autonome Schritte die Symptomatik ausgelöst haben. Die Rückenschmerzen und

Bandscheibenvorfälle könnte man als Ausdruck der Überforderung mit der Entwicklungsaufgabe sehen – sinnbildlich als Konflikt, ein zu schweres Kreuz zu tragen. Dies alles sind psychodynamische Hypothesen, die im Therapieverlauf geprüft werden müssen.

5.2 Frau Aron: »Wenn ich Sie anstecke, bin ich doch schuld.« Das Thematisieren der Ausfallhonorarregelung als Trigger für eine negative Mutterübertragung

Das folgende Fallbeispiel zeigt die Thematisierung des Ausfallhonorars als häufigen Auslöser für Spannungen oder Krisen in der Therapiebeziehung.

Frau Aron ist eine Patientin Mitte zwanzig. Sie kam in die Therapie mit depressiven Symptomen, sozialer Isolation, Minderwertigkeitsgefühlen, Störungen der Körperwahrnehmung und obsessivem Handyspielen vor dem Hintergrund traumatischer Kindheitserfahrungen. Frau Aron beschreibt, dass die Beziehung zu ihrer Mutter in ihrer Kindheit durch dauerhaften »Psychoterror« geprägt war. Die Mutter habe sie und ihre Schwester willkürlich geschlagen, habe sie regelmäßig vor bedingungslos zu erfüllende Aufgaben gestellt. Der Vater blieb blass und war häufig abwesend. Frau Aron hat das Abitur abgelegt, aber bislang keine Ausbildung begonnen. Sie ist Hartz-IV-Empfängerin und wohnt aktuell mit ihrem Partner zusammen, den sie verbal aggressiv erlebt. Die Therapeutin bespricht zu Beginn der Therapie die Ausfallhonorarregelung. Hierdurch wird eine negative Mutterübertragung getriggert. Die Patientin gerät unter Druck. Die Therapeutin spürt in ihrer Gegenübertragung ein Gefühl ausgeprägter Verwirrung und des Vernebeltseins. Sie bemüht sich – ohne den therapeutischen Rahmen infrage zu stellen –, das Übertragungsmuster zu verstehen, und lässt die Patientin dabei an ihrer Gegenübertragung teilhaben. Frau Aron stellt einen Bezug zu ihren traumatischen Kindheitserfahrungen her.

T: (erklärt die Regel zum Ausfallhonorar) Ich verdiene mit Therapiesitzungen meinen Lebensunterhalt. Wenn Sie mindestens 24 Stunden vor Ihrer Sitzung absagen, kann ich umplanen und die Zeit anders nutzen. Wenn Sie später absagen, zahlen Sie ein Ausfallhonorar an mich. Ich kenne ja Ihre Lebenssituation und weiß, dass Sie nicht viel Geld haben. Für Patienten, die das betrifft, habe ich die Regelung, dass sie den Mindestbetrag von 20 Euro zahlen, wenn kurzfristig etwas dazwischenkommt.

P: Puh ... (schweigt, erstarrt, schaut regungslos auf den Boden) ...

T: ... Ja, wie geht es Ihnen denn damit?

P: (leise) Was ist denn, wenn das zum Ende des Monats passiert?

T: Ach so. Es ist für mich okay, wenn Sie es mir dann in der ersten Sitzung am folgenden Monatsanfang geben!

P: (flüsternd, schaut weg) Hm, und was ist, wenn ich krank werde, ganz plötzlich. Wenn ich Sie dann anstecke, dann fühl ich mich nur nachher schuldig.

T: (verwirrt, verunsichert) Sie erschrecken und geraten unter Druck.

P: (resignierend) Okay, wo muss ich unterschreiben?

T: (erschrocken, zunehmend verwirrt, bemüht sich, mit Nachdruck zu sprechen) Ich möchte nicht, dass Sie einfach unterschreiben. Ihre Vorbehalte sind wichtig und ich möchte sie verstehen.

P: Na ja, in der Klinik hab ich auch einfach so dann Dinge unterschrieben, obwohl ich das im Nachhinein gar nicht wollte.

T: (fühlt sich unbehaglich, leicht empört) Ich möchte nicht, dass Sie einfach unterschreiben. Ihre Vorbehalte sind mir wichtig.

P: (schweigt) ...

T: (schweigt, wie vernebelt, versucht, roten Faden wiederzufinden) Es wirkt auf mich so, als ob Sie einfach gehorchen, auch wenn Sie offenbar die Regel gar nicht richtig verstehen oder Angst bekommen, dass die Regel mich oder dann vielleicht Sie in irgendeine unangenehme Situation bringen könnte.

P: Na ja, wenn ich mich meiner Mutter widersetzt hab, dann hat sie mich geschlagen. Sie hatte immer so Hausschuhe mit hohen Hacken ... (kopfschüttelnd) ... zum Beispiel einmal hab ich was gemalt und dann sollte ich für sie was einkaufen, und ich sollte das dann sofort machen, ich hab dann gesagt, okay, ich mache das gleich, da ist sie ausgerastet.

T: Das fällt Ihnen an der Stelle sofort ein, wirklich erschreckend!

P: (leicht abwesend) Ja, und ein anderes Mal habe ich gemalt, meine Mutter sieht das Bild und sagt zu Clara dann: Schau mal, wie gut Tanja malt, warum kannst du nicht so gut malen wie Tanja! Und dann haben meine Schwester und ich immer zusammen gespielt, um dem zu entgehen, und wenn wir zu viel gelacht haben, hat sie uns geschlagen.

T: Ach so. Das ist wirklich furchtbar! Jetzt verstehe ich langsam. Die Regel erscheint Ihnen undurchsichtig, Sie wissen nicht, woran Sie sind.

P: (nickt, zaghaft) Ich möchte nicht, dass Sie sauer sind, wenn ich Sie anstecke.

T: (verwirrt, wie vernebelt) Sie haben das Gefühl, Sie können es nur falsch machen. Ich finde es extrem wichtig, dass wir darüber sprechen, wie es Ihnen mit dieser Regelung geht, und dass Sie nicht zustimmen, wenn Sie Vorbehalte haben. Ich habe den Eindruck, dass die Regel irgendwie bedrohlich für Sie ist.

P: (nickt, flüsternd) Ja …

T: Vielleicht sage ich Ihnen mal, wie es mir geht. Ich bin irgendwie vernebelt und verwirrt und verliere den roten Faden – vielleicht geht es Ihnen ähnlich, vielleicht ist es das, wie Sie sich fühlen, dass Sie nicht verstehen, was passiert, wie die Dinge einzuordnen sind? …

P: (Pause … seufzt)

T: (Bemüht sich, ihre Gedanken zu ordnen) … Abgesehen davon, dass es relativ unwahrscheinlich ist, dass Sie kurzfristig krank werden und mich dann noch anstecken, fällt mir auf, dass Sie sich schon vorab in Gedanken die Schuld geben dafür, dass ich mich anstecken könnte. Obwohl es meine Regel und damit meine Verantwortung ist?

P: (kleinlaut) Wenn ich Sie anstecke, bin ich doch schuld?

T: (kurze Pause ... verwirrt, ringt um Orientierung) Schauen wir uns das mal an. Es ist unwahrscheinlich, aber Sie haben recht, es kann passieren, dass Sie erkältet kommen und mich anstecken. Sie kommen, weil Sie sich an die Regel halten, sonst müssten Sie bezahlen. Was befürchten Sie dann?
P: Ich möchte nur nicht, dass Sie dann sauer sind auf mich.
T: Sie erahnen ganz feinfühlig die schlimmsten Möglichkeiten. Und in Ihrer Phantasie wende ich mich gegen Sie, ohne dass Sie etwas dafürkönnen, und Sie spüren Ihre Ohnmacht.
P: Ja.
T: (fühlt sich wieder etwas klarer, schützender) Also: Die Regel habe ich ja aufgestellt, es ist also meine Verantwortung, Ihnen zum Beispiel nicht die Hände zu geben, um mich nicht anzustecken, bzw. muss ich natürlich damit leben, wenn es passiert, denn ich habe ja die Regel aufgestellt, das kann ich nicht Ihnen in die Schuhe schieben. Sonst wären Sie ja völlig ohnmächtig meiner Willkür ausgeliefert.
P: Einmal hab ich mit meiner Schwester gespielt. Sie hat uns verdroschen, weil wir gelacht haben. Ich habe immer Schluckauf gekriegt, wenn ich gelacht habe. Dann hat sie erst recht geschlagen. Noch heute krieg ich Angst, wenn ich Schluckauf kriege.
T: (betroffen) Ganz schrecklich. Kein Wunder, dass Sie nun immer misstrauische Angst haben, dass irgendetwas passieren könnte, was Sie nicht vorhersehen können. Schlimm genug, wenn man überhaupt bestraft und geschlagen wird. Aber bei Ihnen ist das ja traumatisch, dass es zusätzlich so unberechenbar, unkontrollierbar ist, was um Sie herum passiert. Wichtig ist, dass Sie hier die Sicherheit empfinden, dass nicht die Willkür auf Sie einbricht, so wie Sie es bei Ihrer Mutter kannten.

Kommentar zum Fallbeispiel

Die Szene ist ein Beispiel für den Umgang mit Übertragungstriggern. Sie demonstriert, wie entstehende Spannungen im Hier und Jetzt der therapeutischen Beziehung aufgegriffen werden können und dass es sich lohnt, sie möglichst differenziert zu verstehen. Zu Beginn der Psychotherapie erläutert die Therapeutin Frau Aron die Ausfallhonorarregelung. Hierdurch wird eine negative Mutterübertragung ausgelöst. Die Patientin – und auch die Therapeutin – geraten zusehends unter Druck.

Es ist oftmals nicht leicht, mit dem Druck und den negativen Emotionen, die in solchen negativen Übertragungen auf uns als Therapeutinnen und Therapeuten einwirken, umzugehen. Die Therapeutin in der Szene bemüht sich, das Übertragungsmuster zu verstehen, ohne den therapeutischen Rahmen dabei infrage zu stellen. Veranschaulicht wird damit auch, dass es in Psychotherapien nicht primär um das Ausagieren von Bedürfnissen und das Vermeiden negativer Emotionen geht, sondern vorrangig um das gemeinsame Verstehen und Überwinden schwieriger Verwicklungen für eine korrigierende emotionale Erfahrung. In der Szene werden die durch den therapeutischen Rahmen (das Ausfallhonorar) ausgelösten Affekte und Erinnerungen Gegenstand der gemeinsamen Betrachtung.

Die Szene ist auch ein Beispiel für den Umgang mit der Gegenübertragung. Die Therapeutin spürt in ihrer Gegenübertragung – neben einer leichten Empörung, in die Täterrolle gedrängt zu werden – vor allem konkordante Gefühle. Sie ist selbst verwirrt, wie vernebelt, sie verliert den roten Faden, fühlt sich hilflos, orientierungslos. Sie fasst dies als projektive Identifizierung auf und bringt ihre Gefühle dosiert ein, sie lässt die Patientin also partiell teilhaben an ihrer Gegenübertragung.

Eine gelungene Arbeit mit der Gegenübertragung zeigt sich darin, dass Therapeutinnen und Therapeuten stets bewusst bleibt, dass das, was sie fühlen, sagen oder tun, im Kontext der Beziehung zum jeweiligen Patienten geschieht. Die exakt zutreffende Bedeutung der Gegenübertragungsgefühle, einer Äußerung oder einer Handlung muss nicht sofort voll erfasst werden. Es geht darum, das eigene emotionale Verwickeltsein stetig zu beobachten und Hypothesen für dessen Bedeutung zu entwickeln. Selbsterfahrung hilft, diese Fertigkeit weiterzuentwickeln.

Mit anderen Begrifflichkeiten lässt sich das Verhalten der Therapeutin wie folgt erläutern: Die Therapeutin versucht, die sich entwickelnde Szene zu verstehen, indem sie über die von der Patientin berichteten biografischen Angaben, das affektive Erleben der Patientin und die eigene Rolle in der Szene nachdenkt und sich bemüht, die gegenwärtige Szene mit dazugehörigen alten Szenen zu verknüpfen.

Die Therapeutin hat vor dem Hintergrund der biografischen Erfahrungen und pathogenen Überzeugungen im Blick, dass im Therapieverlauf mit dieser Patientin Übertragungstests zu erwarten sind, beispielsweise: »Bin ich deiner unkalkulierbaren Willkür ausgeliefert?«, »Darf ich mich dir widersetzen?«, »Achtest du meine Grenzen?«. Sie bemüht sich, den Übertragungstest zu bestehen und neue Beziehungserfahrungen zu vermitteln, indem sie zum Beispiel äußert: »Ich möchte nicht, dass Sie einfach unterschreiben. Ihre Vorbehalte sind mir wichtig.«

Die Therapeutin erkennt, dass das Thematisieren der Ausfallhonorarregelung eine Krise, primär vom Rückzugstyp, ausgelöst hat. Mit Blick auf Bordins Konzept der therapeutischen Allianz sind zwei Komponenten der Allianz betroffen: Es entsteht Uneinigkeit über den therapeutischen Rahmen, und die emotionale Bindung verschlechtert sich abrupt. Indikatoren für die Krise sind, dass die Patientin sich zurückzieht, wortkarg und einsilbig ist, dass sie sich demütig und gleichzeitig bedrückt und ängstlich in die Regeln fügt und vorsichtig Bedenken über den therapeutischen Rahmen anklingen lässt. Die Therapeutin macht zu Beginn der Szene zunächst das Patientenerleben zum Gegenstand der Metakommunikation (z. B. »Sie erschrecken und geraten unter Druck«). Im weiteren Verlauf thematisiert sie ihr Therapeutenerleben (»Vielleicht sage ich Ihnen mal, wie es mir geht. Ich bin irgendwie vernebelt und verwirrt und verliere den roten Faden«) und spielt auch auf das Wir, das interpersonelle Geschehen, an (»Vielleicht geht es Ihnen ähnlich, vielleicht ist es das, wie Sie sich fühlen, dass Sie nicht verstehen, was passiert, wie die Dinge einzuordnen sind?«).

Frau Aron stellt, in teils gelockerten Assoziationen, einen Bezug zu ihren traumatischen Kindheitserfahrungen her. Deutlich wird, dass sich Beziehungserfahrungen, die mit Gefühlen wie Willkür, Ohnmacht, Kontrollverlust einhergehen, in der therapeutischen Beziehung wiederhergestellt haben. Wichtig ist, sich als Therapeutin durchweg gemeint zu fühlen, das heißt, die Gefühle konsequent auch auf sich zu beziehen und zu akzeptieren. Dies ist natürliche eine emotionale Herausforderung für jede Therapeutin, jeden Therapeuten. Hilfreich ist dabei, Interesse und Neugier für die jeweiligen Verwicklungen zu bewahren.

Die Szene zeigt auch, wie die Therapeutin das Trauma der Patientin als solches markiert mit Worten wie »Das ist schrecklich« oder »Das ist traumatisch«. Dieses Validieren des Leids, also das Trauma oder das Leid als solches zu benennen, ist nicht nur für Patienten mit Traumafolgestörungen bedeutsam, sondern generell für Patienten mit belastenden Beziehungserfahrungen.

Die Szene zeigt letztlich einen möglichen Weg für den Umgang mit dem Ausfallhonorar. Die Thematisierung des Ausfallhonorars finden viele Therapeuten per se unangenehm und schwierig. Sie gehen auf unterschiedliche Weise damit um. Vielen Therapeuten bereitet dieses Thema ein schlechtes Gewissen. Das Beispiel zeigt, dass es durchaus hilfreich sein kann, diese unangenehme Situation zu bearbeiten, und dass sich hier verdichtet die Themen der Patientin, ihre Konflikte und strukturellen Beeinträchtigungen zeigen können. Bei der Frage des Ausfallhonorars ist es wichtig, sich als Therapeutin oder Therapeut eine grundlegende, klare, als passend empfundene Lösung zu erarbeiten. Dies beugt vor, im Fall entstehender Spannungen nicht um eigene ungelöste Konflikte zu kreisen.

Literatur

Anderson, T., Crowley, M. E., Himawan, L., Holmberg, J. K., Uhlin, B. D. (2016). Therapist facilitative interpersonal skills and training status: A randomized clinical trial on alliance and outcome. Psychotherapy Research, 26 (5), 511–529.

Anderson, T., McClintock, A. S., Himawan, L., Song, X., Patterson, C. L. (2016). A prospective study of therapist facilitative interpersonal skills as a predictor of treatment outcome. Journal of Consulting and Clinical Psychology, 84 (1), 57–66.

Anderson, T., Ogles, B. M., Patterson, C. L., Lambert, M. J., Vermeersch, D. A. (2009). Therapist effects: Facilitative interpersonal skills as a predictor of therapist success. Journal of Clinical Psychology, 65 (7), 755–768.

Andreas, S., Kadur, J., Sammet, I. (2019). Bedeutung von Beziehungstests in der Psychotherapie. Psychotherapeut, 64, 71–85.

Arbeitskreis OPD (2014). OPD-2 – Operationalisierte Psychodynamische Diagnostik: Das Manual für Diagnostik und Therapieplanung (3. Aufl.). Bern: Hans Huber.

Argelander, H. (2014). Das Erstinterview in der Psychotherapie (10. Aufl.). Darmstadt: Wissenschaftliche Buchgesellschaft.

Bachelor, A. (2013). Clients' and therapists' views of the therapeutic alliance: Similarities, differences and relationship to therapy outcome. Clinical Psychology & Psychotherapy, 20 (2), 118–135.

Baldwin, S. A., Imel, Z. E. (2013). Therapist effects: Findings and methods. In M. J. Lambert (Ed.), Bergin and Garfield's handbook of psychotherapy and behavior change (Vol. 6, pp. 258–297). New York: John Wiley.

Barber, J. P., Muran, J. C., McCarthy, K. S., Keefe, R. J. (2013). Research on psychodynamic therapies. In M. J. Lambert (Ed.), Bergin and Garfield's handbook of psychotherapy and behavior change (Vol. 6, pp. 443–494). New York: John Wiley.

Bettighofer, S. (2020). Übertragung und Gegenübertragung im therapeutischen Prozess (5. Aufl.). Stuttgart: Kohlhammer.

Binder, J. L., Strupp, H. H. (1997). »Negative process«: A recurrently discovered and underestimated facet of therapeutic process and outcome in the individual psychotherapy of adults. Clinical Psychology: Science and Practice, 4, 121–139.

Bion, W. R. (1959). Attacks on linking. The International Journal of Psychoanalysis, 40, 308–315.

Bion, W. R. (1970). Attention and interpretation. New York: Jason Aronson.

Bion, W. R. (1992). Lernen durch Erfahrung. Frankfurt a. M.: Suhrkamp.

Bishop, S. R., Lau, M., Shapiro, S., Carlson, L., Anderson, N. D., Carmody, J., Devins, G. (2004). Mindfulness: A proposed operational definition. Clinical Psychology: Science and Practice, 11 (3), 230–241.

Blanck, P., Perleth, S., Heidenreich, T., Kröger, P., Ditzen, B., Bents, H., Mander, J. (2018). Effects of mindfulness exercises as stand-alone intervention on symptoms of anxiety and depression: Systematic review and meta-analysis. Behaviour Research and Therapy, 102, 25–35.

Bordin, E. S. (1979). The generalizability of the psychoanalytic concept of the working alliance. Psychotherapy Theory Research & Practice, 16 (3), 252–260.

Bowlby, J. (1995). Bindung: Historische Wurzeln, theoretische Konzepte und klinische Relevanz. In G. Spangler, P. Zimmermann (Hrsg.), Die Bindungstheorie. Grundlagen, Forschung und Anwendung (S. 17–26). Stuttgart: Klett-Cotta.

Brumberg, J., Gumz, A. (2012). Was sind Übertragungsdeutungen und wie wirken sie? Eine systematische Übersicht. Zeitschrift für Psychosomatische Medizin und Psychotherapie, 58, (3), 219–235.

Carlsson, J., Schubert, J. (2009). Professional values and their development among trainees in psychoanalytic psychotherapy. European Journal of Psychotherapy and Counselling, 11 (3), 267–286.

Castonguay, L. G., Goldfried, M. R., Wiser, S., Raue, P. J., Hayes, A. M. (1996). Predicting the effect of cognitive therapy for depression: A study of unique and common factors. Journal of Consulting and Clinical Psychology, 64 (3), 497–504.

Castonguay, L. G., Hill, C. (2017). How and why are some therapists better than others? Understanding therapist effects. Washington DC: American Psychological Association.

Chen, R., Atzil-Slonim, D., Bar-Kalifa, E., Hasson-Ohayon, I., Refaeli, E. (2018). Therapists' recognition of alliance ruptures as a moderator of change in alliance and symptoms. Psychotherapy Research, 28 (4), 560–570.

Colli, A., Lingiardi, V. (2009). The collaborative interactions scale: A new transcript based method for the assessment of therapeutic alliance rup-

tures and resolutions in psychotherapy. Psychotherapy Research, 19, 718–734.
Crits-Christoph, P. (1998). The interpersonal interior of psychotherapy. Psychotherapy Research, 8 (1), 1–16.
Crits-Christoph, P., Demorest, A., Muenz, L. R., Baranackie, K. (1994). Consistency of interpersonal themes for patients in psychotherapy. Journal of Personality, 62 (4), 499–526.
Del Re, A. C., Flückiger, C., Horvath, A. O., Symonds, D., Wampold, B. E. (2012). Therapist effects in the therapeutic alliance-outcome relationship: A restricted-maximum likelihood meta-analysis. Clinical Psychology Review, 32 (7), 642–649.
Deneke, F. W. (2013). Psychodynamik und Neurobiologie: Dynamische Persönlichkeitstheorie und psychische Krankheit. Eine Revision psychoanalytischer Basiskonzepte. Stuttgart: Schattauer.
Dinger, U., Strack, M., Leichsenring, F., Wilmers, F., Schauenburg, H. (2008). Therapist effects on outcome and alliance in inpatient psychotherapy. Journal of Clinical Psychology, 64, 344–354.
Dück, J., Dinger, U., Schauenburg, H., Nikendei, C. (2019). Videogestützte Supervision in der psychotherapeutischen Ausbildung. Psychotherapie im Dialog, 20 (4), 69–73.
Eubanks, C. F., Burckell, L. A., Goldfried, M. R. (2018). Clinical consensus strategies to repair ruptures in the therapeutic alliance. Journal of Psychotherapy Integration, 28, 60–76.
Eubanks, C. F., Muran, J. C., Safran, J. D. (2018). Alliance rupture repair: A meta-analysis. Psychotherapy, 55 (4), 508–519.
Eubanks-Carter, C. F., Muran, J. C., Safran, J. D. (2015). Alliance-focused training. Psychotherapy, 52 (2), 169–173.
Evers, O., Taubner, S. (2018). Feedback in der Psychotherapieausbildung. Psychotherapeut, 63, 465–472.
Feldman, M. (2017). Spaltung und projektive Identifizierung. In C. Frank, H. Weiß (Hrsg.), Projektive Identifizierung (S. 27–46). Stuttgart: Klett-Cotta.
Fernandez, E., Salem, D., Swift, J. K., Ramtahal, N. (2015). Meta-analysis of dropout from cognitive behavioral therapy: Magnitude, timing, and moderators. Journal of Consulting and Clinical Psychology, 83 (6), 1108–1122.
Freud, S. (1912/1999). Ratschläge für den Arzt bei der psychoanalytischen Behandlung. GW VIII (S. 376–387). Frankfurt a. M.: Fischer.
Freud, S. (1912/2000). Zur Dynamik der Übertragung. GW VIII (S. 364–374). Frankfurt a. M.: Fischer.

Freud, S. (1920/1975). Jenseits des Lustprinzips. Studienausgabe, Bd. 3, Psychologie des Unbewussten (S. 213–272). Frankfurt a. M.: Fischer.
Gelso, C. J. (2011). The real relationship in psychotherapy: The hidden foundation of change. Washington, DC: American Psychological Association.
Gossman, M., Miller, J. H. (2012). »The third person in the room«: Recording the counselling interview for the purpose of counsellor training-barrier to relationship building or effective tool for professional development? Counselling and Psychotherapy Research, 12, 25–34.
Grawe, K., Donati, R., Bernauer, F. (1994). Psychotherapie im Wandel. Von der Konfession zur Profession. Göttingen: Hogrefe.
Greenson, R. R. (1971). The »real« relationship between patient and psychoanalyst. In M. Kanzer (Ed.), The unconscious today (pp. 213–232). New York: International Universities Press.
Gumz, A. (2012). Kritische Momente im Therapieprozess – Chance oder Sackgasse? Psychotherapeut, 27, 256–262.
Gumz, A. (2018). Psychodynamische Interventionstechniken. In A. Gumz, S. Hörz-Sagstetter (Hrsg.), Psychodynamische Psychotherapie in der Praxis (S. 159–170). Weinheim: Beltz.
Gumz, A. (2019). Mit Spannungen und Krisen in der Therapiebeziehung kompetent(er) umgehen. Psychotherapie im Dialog, 20 (4), 39–44.
Gumz, A. (2020). Umgang mit Spannungen und Krisen in der Therapiebeziehung. Psychotherapeut, 65, 119–132.
Gumz, A., Bauer, K., Brähler, E. (2012). Corresponding instability of patient and therapist process ratings in psychodynamic psychotherapies. Psychotherapy Research, 22 (1), 26–39.
Gumz, A., Brähler, E., Geyer, M., Erices, R. (2012). Crisis-repair sequences – considerations on the classification and assessment of breaches in the therapeutic relationship. BMC Medical Research Methodology, 12, 10.
Gumz, A., Geyer, M., Brähler, E. (2014). Psychodynamic therapy from the perspective of self-organization. A concept of change and a methodological approach for empirical examination. Clinical Psychology and Psychotherapy, 21 (4), 299–310.
Gumz, A., Horstkotte, J. K., Kästner, D. (2014). Das Werkzeug des psychodynamischen Psychotherapeuten. Verbale Interventionstypen aus theoretischer und praxisorientierter Perspektive. Zeitschrift für Psychosomatische Medizin und Psychotherapie, 60, 219–237.
Gumz, A., Hörz-Sagstetter, S. (2018). Psychodynamische Psychotherapie in der Praxis. 2 DVDs mit 24-seitigem Booklet. Weinheim: Beltz.
Gumz, A., Kästner, D., Geyer, M., Wutzler, U., Villmann, T., Brähler, E. (2010). Instability and discontinuous change in the experience of ther-

apeutic interaction: An extended single-case study of psychodynamic therapy processes. Psychotherapy Research, 20, 398–412.

Gumz, A., Longley, M., Schestag, L., Hirschmeier, C., Derwahl, L., Weinreich, J., Göttke, T., Höltermann, F., Koch, T., Freund, K., Geist, M., Schlipfenbacher, C., Kästnder, D. l. (2020a). What makes a good therapist? Messen therapeutischer Kompetenz mit der deutschsprachigen Facilitative-Interpersonal-Skills-Übung (FIS). Psychotherapeut, im Druck.

Gumz, A., Marx, C., Rugenstein, K., Munder, T. (2018a). Krisen in der therapeutischen Beziehung. In A. Gumz, S. Hörz-Sagstetter (Hrsg.), Psychodynamische Psychotherapie in der Praxis (S. 625–635). Weinheim: Beltz.

Gumz, A., Munder, T., Marx, C., Rugenstein, K. (2018b). Die Bedeutung der therapeutischen Beziehung. In A. Gumz, S. Hörz-Sagstetter (Hrsg.), Psychodynamische Psychotherapie in der Praxis (S. 32–39). Weinheim: Beltz.

Gumz, A., Reuter, L., Flückiger, C., Marx, C., Rugenstein, K., Schlipfenbacher, C., Schmidt, L., Munder, T. (2020b). Umgang mit Spannungen und Krisen in der therapeutischen Beziehung: Erste Erfahrungen mit einem handlungsorientierten Ausbildungs- und Supervisionskonzept. Psychotherapie – Psychosomatik – Medizinische Psychologie, 70 (3–4), 122–129.

Gumz, A., Rugenstein, K., Munder, T. (2018c). Allianz-Fokussiertes Training (AFT). Schulenübergreifender Weg zum Umgang mit Krisen in der therapeutischen Beziehung. Psychotherapeut, 63 (1), 55–61.

Gumz, A., Storck, T. (2018). Übertragung und Gegenübertragung. In A. Gumz, S. Hörz-Sagstetter (Hrsg.), Psychodynamische Psychotherapie in der Praxis (S. 43–50). Weinheim: Beltz.

Gumz, A., Villmann, T., Bergmann, B., Geyer, M. (2008). Übertragung – ein attraktiver Systemzustand. Forum der Psychoanalyse, 24 (3), 229–245.

Haggerty, G., Hilsenroth, M. J. (2011). The use of video in psychotherapy supervision. British Journal of Psychotherapy, 27 (2), 193–210.

Haken, H., Schiepek, G. (2010). Synergetik in der Psychologie. Selbstorganisation verstehen und gestalten. Göttingen: Hogrefe.

Hartmann, A., Joos, A., Orlinsky, D. E., Zeeck, A. (2015). Accuracy of therapist perceptions of patients' alliance: Exploring the divergence. Psychotherapy Research, 25 (4), 408–419.

Heimann, P. (1950). On counter-transference. International Journal of Psycho-Analysis, 31, 81–84.

Hill, C. E., Nutt-Williams, E., Heaton, K. J., Thompson, B. J., Rhodes, R. H. (1996). Therapist retrospective recall of impasses in long-term psychotherapy: A qualitative analysis. Journal of Counseling Psychology, 43 (2), 207–217.

Hill, C. E., Thompson, B. J., Cogar, M. C., Denman, D. W. (1993). Beneath the surface of long-term therapy: Therapist and client report of their own and each other's covert processes. Journal of Counseling Psychology, 40 (3), 278–287.

Hill, C. E., Thompson, B. J., Corbett, M. M. (1992). The impact of therapist ability to perceive displayed and hidden client reactions on immediate outcome in first sessions of brief therapy. Psychotherapy Research, 2, 148–160.

Hofmann, S. O. (2000). Psychodynamische Therapie und Psychodynamische Verfahren. Ein Plädoyer für die Übernahme eines einheitlichen und international gebräuchlichen Begriffs. Psychotherapeut, 45, 52–54.

Høglend, P. (2014). Exploration of the patient-therapist relationship in psychotherapy. American Journal of Psychiatry, 171, 1056–1066.

Høglend, P., Hersoug, A. G., Bøgwald, K.-P., Amlo, S., Marble, A., Sørbye, Ø., Røssberg, J. I., Ulberg, R., Gabbard, G. O., Crits-Christoph, P. (2011). Effects of transference work in the context of therapeutic alliance and quality of object relations. Journal of Consulting and Clinical Psychology, 79 (5), 697–706.

Horowitz, M. J. (1991). Person schemas and maladaptive interpersonal patterns. Chicago: University of Chicago Press.

Horvath, A. O., Del Re, A. C., Flückiger, C., Symonds, D. (2011). Alliance in individual psychotherapy. Psychotherapy, 48 (1), 9–16.

Jacobs, T. J. (1986). On countertransference enactments. Journal of the American Psychoanalytic Association, 34 (2), 289–307.

Kernberg, O. F. (1979). Borderline-Störungen und pathologischer Narzißmus. Frankfurt a. M.: Suhrkamp.

Kernberg, O. F. (1981). Objektbeziehungen und Praxis der Psychoanalyse. Stuttgart: Klett-Cotta.

Klein, M. (1946). Bemerkungen über einige schizoide Mechanismen. Gesammelte Schriften, Bd. 3 (S. 1–41). Stuttgart: Frommann-Holzboog.

Klüwer, R. (1983). Agieren und Mitagieren. Psyche – Zeitschrift für Psychoanalyse und ihre Anwendungen, 37, 828–840.

Kohut, H. (1981). Die Heilung des Selbst (12. Aufl.). Frankfurt a. M.: Suhrkamp.

König, K. (2004). Gegenübertragungsanalyse. Göttingen: Vandenhoeck & Ruprecht.

Körner, J. (2018). Die Psychodynamik von Übertragung und Gegenübertragung. Göttingen: Vandenhoeck & Ruprecht.

Lamont-Mills, A., Christensen, S., Brownlow, C. (2014). A critical consideration of the use of therapeutic recordings in the training and professional development of psychologists. Journal of Critical Psychology, Counselling and Psychotherapy, 14 (4), 276–285.

Larsson, M. H., Falkenstrom, F., Andersson, G., Holmqvist, R. (2018). Alliance ruptures and repairs in psychotherapy in primary care. Psychotherapy Research, 28 (1), 123–136.

Laws, H. B., Constantino, M. J., Sayer, A. G., Klein, D. N., Kocsis, J. H., Manber, R., Markowitz, J. C., Rothbaum, B. O., Steidtmann, D., Thase, M. E., Arnow, B. A. (2017). Convergence in patient-therapist therapeutic alliance ratings and its relation to outcome in chronic depression treatment. Psychotherapy Research, 27 (4), 410–424.

Leising, D. (2002). Veränderungen interpersonal-affektiver Schemata im Verlauf psychoanalytischer Langzeitbehandlungen (Dissertation). Ruprecht-Karls-Universität Heidelberg.

Lichtenberg, J. D. (2007). Kunst und Technik psychoanalytischer Therapien. Frankfurt a. M.: Brandes & Apsel.

Lorenzer, A. (1983). Sprache, Lebenspraxis und szenisches Verstehen in der psychoanalytischen Therapie. Psyche – Zeitschrift für Psychoanalyse und ihre Anwendungen, 37 (2), 97–115.

Luborsky, L. (1976). Helping alliances in psychotherapy. In J. L. Claghorn (Ed.), Successful psychotherapy (pp. 92–111). New York: Brunner/Mazel.

Luborsky, L. (1984). Principles of psychoanalytic therapy. New York: Basic Books.

Mander, J., Blanck, P. (2018). Achtsamkeit in der Psychotherapie. Psychotherapeut, 63, 251–264.

Mccullough, J. P., Schramm, E., Penberthy, J. K. (2015). CBASP as a distinctive treatment for persistent depressive disorder. New York: Routledge.

Mertens, W. (2004). Einführung in die psychoanalytische Therapie (2. Aufl.). Stuttgart: Kohlhammer.

Moltu, C., Binder, P. E., Nielsen, G. H. (2010). Commitment under pressure: Experienced therapists' inner work during difficult therapeutic impasses. Psychotherapy Research, 20, 309–320.

Munder, T., Lorenz, A., Gumz, A. (2016). Was ist eine Übertragungsdeutung? Eine konzeptuelle und empirische Studie. Psychodynamische Psychotherapie, 15, 197–205.

Munder, T., Schlipfenbacher, C., Toussaint, K., Warmuth, M., Anderson, T., Gumz, A. (2019). Facilitative interpersonal skills performance test: Psychometric analysis of a German language version. Journal of Clinical Psychology, 75 (12), 2273–2283.

Muran, C., Safran, J. D., Eubanks-Carter, C. (2010). Developing therapist abilities to negotiate alliance ruptures. In J. C. Muran, J. P. Barber (Eds.),

The therapeutic alliance. An evidence-based guide to practice (pp. 320–340). New York: Guilford.

Muran, C., Safran, J. D., Samstag, L. W., Winston, A. (2005). Evaluating an alliance-focused treatment for personality disorders. Psychotherapy: Theory, Research, Practice, Training, 42, 532–545.

Nikendei, C., Bents, H., Dinger, U., Huber, J., Schmid, C., Montan, I., Ehrental, J. C., Herzog, W., Schauenburg, H., Safi, A. (2018). Erwartungen psychologischer Psychotherapeuten zu Beginn ihrer Ausbildung. Psychotherapeut, 63 (6), 445–457.

Norcross, J. C. (2011). Relationships that works. Washington, DC: American Psychological Association.

Nyanaponika (1979). Geistestraining durch Achtsamkeit. Konstanz: Christiani.

Ogden T. (1979). On projective identification. International Journal of Psychoanalysis, 60, 357–373.

Olinick, S. L., Poland, W. S., Grigg, K. A., Granatir, W. L. (1973). The psychoanalytic work ego: Process and interpretation. International Journal of Psychoanalysis, 54, 143–151.

Orlinsky, D., Botermans, J., Rønnestad, M. H., Ambühl, H., Avila-Espada, A., Bae, S., Baptista, T., Beutler, M., Buchheim, P., Caro, I., Cierpka, M., Davis, J., Davis, M., Dazord, A., Egan, K., Freni, S., Gabrielli, A., Gerin, P., Gordon, R., Wiseman, H. (2001). Towards an empirically grounded model of psychotherapy training: Four thousand therapists rate influences on their development. Australian Psychologist, 36, 139–148.

Piper, W. E., Ogrodniczuk, J. S., Joyce, A. S., McCallum, M., Rosie, J. S., O'Kelly, J. G., Steinberg, P. I. (1999). Prediction of dropping out in time-limited, interpretive individual psychotherapy. Psychotherapy: Theory, Research, Practice, Training, 36 (2), 114–122.

Racker, H. (1959). Übertragung und Gegenübertragung. München: Reinhardt.

Regan, A. M., Hill, C. E. (1992). Investigation of what clients and therapists do not say in brief therapy. Journal of Counseling Psychology, 39, 168–174.

Reuter, L., Walther, L., Gumz, A. (im Druck). Erfahrungen mit dem allianzfokussierten Training (AFT) im Rahmen der Psychotherapieausbildung. Eine qualitative Studie. Psychotherapie Psychosomatik Medizinische Psychologie.

Rhodes, R. H., Hill, C. E., Thompson, B. J., Elliott, R. (1994). Client retrospective recall of resolved and unresolved misunderstanding events. Journal of Counseling Psychology, 41, 473–483.

Rogers, C. R. (2005). Die klientenzentrierte Gesprächspsychotherapie (17. Aufl.). Frankfurt a. M.: Fischer.

Rønnestad, M. H., Skovholt, T. M. (2013). The developing practitioner: Growth and stagnation of therapists and counselors. New York: Taylor & Francis.
Rosenfeld, H. (1983). Primitive object relations and mechanisms. The International Journal of Psychoanalysis, 64 (3), 261–267.
Rousmaniere, T. (2017). Deliberate practice for psychotherapists. A guide to improving clinical effectiveness. New York: Routledge.
Rugenstein, K., Gumz, A. (2017). Achtsamkeit in der psychodynamischen Therapie. Integration und Prinzipien. Psychotherapie im Dialog, 18 (4), 78–82.
Safran, J. D., Muran, J. C. (1996). The resolution of ruptures in the therapeutic alliance. Journal of Consulting and Clinical Psychology, 64 (3), 447–458.
Safran, J. D., Muran, J. C. (2000). Negotiating the therapeutic alliance: A relational treatment guide. New York: Guilford.
Sandler, J. (1976). Gegenübertragung und Bereitschaft zur Rollenübernahme. Psyche – Zeitschrift für Psychoanalyse und ihre Anwendungen, 30, 297–305.
Sandler, J. (1988). Projection, identification, projective identification. London: Karnac.
Sandler, J., Dare, C., Holder, A. (1996). Die Grundbegriffe der psychoanalytischen Therapie. Stuttgart: Klett-Cotta.
Sandler, J., Rosenblatt, B. (1962). The concept of the representational world. The Psycho-Analytic Study of the Child, 17, 128–145.
Saxon, D., Barkham, M., Foster, A., Parry, G. (2017). The contribution of therapist effects to patient dropout and deterioration in the psychological therapies. Clinical Psychology & Psychotherapy, 24 (3), 575–588.
Seiffge-Krenke, I., Cinkaya, F. (2017). Behandlungsabbrüche: Therapeutische Konsequenzen einer Metaanalyse. Göttingen: Vandenhoeck & Ruprecht.
Sharf, J., Primavera, L. H., Diener, M. J. (2010). Dropout and therapeutic alliance: A meta-analysis of adult individual psychotherapy. Psychotherapy, 47 (4), 637–645.
Sommerfeld, E., Orbach, I., Zim, S., Mikulincer, M. (2008). An in-session exploration of ruptures in working alliance and their associations with clients' core conflictual relationship themes, alliance-related discourse, and clients' postsession evaluations. Psychotherapy Research, 18, 377–388.
Sonntag, A., Glaesmer, H., Barnow, S., Brähler, E., Fegert, J. M., Fliegel, S., Freyberger, H. J., Goldbeck, L., Kohl, S., Lebiger-Vogel, J., Leuzinger-Bohleber, M., Michels-Lucht, F., Sproeber, N., Willutzki, U., Strauss, B. (2009). Die Psychotherapeutenausbildung aus Sicht der Teilnehmer:

Ergebnisse einer Ausbildungsteilnehmerbefragung im Rahmen des Forschungsgutachtens. Psychotherapeut, 54 (6), 427–436.
Stern, D. N. (1992). Die Lebenserfahrung des Säuglings. Stuttgart: Klett-Cotta.
Stern, D. N. (2005). Der Gegenwartsmoment: Veränderungsprozesse in Psychoanalyse, Psychotherapie und Alltag. Frankfurt a. M.: Brandes & Apsel.
Stiles, W. B., Glick, M. J., Osatuke, K., Hardy, G. E., Shapiro, D. A., Agnew-Davies, R., Rees, A., Barkham, M. (2004). Patterns of alliance development and the rupture-repair hypothesis: Are productive relationships U-shaped or V-shaped? Journal of Counseling Psychology, 51, 81–91.
Storck, T. (2018). Szenisches Verstehen. In A. Gumz, S. Hörz-Sagstetter (Hrsg.), Psychodynamische Psychotherapie in der Praxis (S. 57–70). Weinheim: Beltz.
Strauss, J. L., Hayes, A. M., Johnson, S. L., Newman, C. F., Brown, G. K., Barber, J. P., Laurence, J. P., Beck, A. T. (2006). Early alliance, alliance ruptures, and symptom change in a nonrandomized trial of cognitive therapy for avoidant and obsessive-compulsive personality disorders. Journal of Consulting and Clinical Psychology, 74 (2), 337–345.
Sullivan, H. S. (1980). Die interpersonale Theorie der Psychiatrie. Frankfurt a. M.: Fischer.
Taubner, S., Munder, T., Möller, H., Hanke, W., Klasen, J. (2014). Selbstselektionsprozesse bei der Wahl des therapeutischen Ausbildungsverfahrens: Unterschiede in therapeutischen Haltungen, Persönlichkeitseigenschaften und dem Mentalisierungsinteresse. Psychotherapie, Psychosomatik, Medizinische, Psychologie, 64, 214–223.
Thomä, H. (1981). Schriften zur Praxis der Psychoanalyse: Vom spiegelnden zum aktiven Psychoanalytiker. Frankfurt a. M.: Suhrkamp.
Thomä, H., Kächele, H. (2006). Lehrbuch der psychoanalytischen Therapie. Bd. 1, Grundlagen (3. Aufl.). Berlin u. Heidelberg: Springer.
Tress, W., Henry, W. P., Junkert-Tress, B., Hildenbrand, G., Hartkamp, N., Scheibe, G. (1996). Das Modell des Zyklisch-Maladaptiven Beziehungsmusters und der Strukturalen Analyse Sozialen Verhaltens (CMP/SASB). Psychotherapeut, 41, 215–224.
Tryon, G., Blackwell, S., Hammel, E. (2007). A meta-analytic examination of client-therapist perspectives of the working alliance. Psychotherapy Research, 17, 629–642.
Voos, D. (2013). Achtsamkeit (Mindfulness). https://www.medizin-im-text.de/2019/20618/achtsamkeit-mindfulness/ (10.02.2020).
Voos, D. (2017). Vorfeldphänomen. https://www.medizin-im-text.de/2017/48384/vorfeldphaenomen/ (01.03.2020).

Wampold, B. E., Imel, Z. E. (2015). The great psychotherapy debate: The evidence for what makes psychotherapy work. New York: Routledge.

Watkins, C. E. (2012). Psychotherapy supervision in the new millennium: Competency-based, evidence-based, particularized, and energized. Journal of Contemporary Psychotherapy, 42 (3), 193–203.

Weiß, H. (2017). Projektive Identifizierung und Durcharbeiten in der Gegenübertragung – ein mehrphasiges Modell. In C. Frank, H. Weiß (Hrsg.), Projektive Identifizierung (S. 179–202). Stuttgart: Klett-Cotta.

Weiss, J., Sampson, H. (1986). The Mount Zion Psychotherapy Research Group. The psychoanalytic process: Theory, clinical observations and empirical research. New York: Guilford.

Young, J. E., Klosko, J. S., Weishaar, M. E. (2008). Schematherapie. Ein praxisorientiertes Handbuch (2. Aufl.). Paderborn: Junfermann.

Zetzel, E. R. (1956). Current concepts of transference. International Journal of Psychoanalysis, 37, 369–376.